Asahi Keywords for Employment Tests 2024

朝日キーワード
就職
2024

最新時事用語
＆一般常識

JN049842

［この本の特長と使い方］

就職活動で必要な最新時事用語と一般常識をコンパクトにまとめました。

①巻頭には2022年に話題になった人を取り上げています。

②時事用語解説は、「ニュースを読み解く時事キーワード」として、政治、国際関係、経済、医療・福祉、労働、教育、環境・国土・交通、科学・技術、情報・通信、文化、くらし、スポーツ、社会、マスコミ・広告に分類して掲載しています。解説中の重要用語がわかるように赤色で示しています。赤チェックシートを使えば消えるようになっていますので、チェックドリルと合わせて確認しながら知識を身につけましょう。

③「必須の一般常識」は社会、国語、英語、数学・理科、文化・スポーツの5ジャンルに分けて掲載しています。赤チェックシートを使って一問一答形式で知識の確認ができます。

電車の中でも気軽に読めるこの1冊をマスターすれば、あなたの就職活動は完璧です。

朝日新聞出版

いま、話題の人

活躍や動向が気になる国内外の人たち12人を取り上げました。

最年少で完全試合達成

佐々木　朗希（2001年生まれ）
（ささき　ろうき）

完全試合を達成したオリックス戦では、プロ野球新記録となる最多連続奪三振13を樹立。1試合最多奪三振19もタイ記録だ

　岩手県陸前高田市出身。大船渡高3年生だった2019年春に、球速163km／hを計測。「令和の怪物」と注目されたが、夏の甲子園出場がかかる地方大会決勝では、成長中の体への負担を考慮して登板が見送られ、出場を逃した。19年秋のドラフト会議を経て、ロッテに入団。3年目の22年4月、オリックス戦で完全試合を達成した。28年ぶり16人目（16度目）の快挙で、20歳5カ月での達成は史上最年少。さらに翌週、再びパーフェクトの投球を見せるも、投球数などを考慮して8回で降板した。史上初の2試合連続完全試合はならなかったが、底知れない可能性を秘める。

最年少五冠を達成

藤井　聡太（2002年生まれ）
（ふじい　そうた）

　愛知県瀬戸市出身。2016年10月に史上最年少の14歳2カ月でプロ入り以降、数々の最年少記録を塗り替え続ける。20年7月に最年少で初タイトルの棋聖を獲得すると、21年7月にはいずれも史上最年少記録となる18歳11カ月での防衛と九段昇段を果たす。さらに、王位、叡王、竜王を奪取。22年2月には王将を獲得し、史上4人目の五冠をプロ入りからわずか5年、19歳6カ月の最年少で成し遂げた。五冠獲得後、自身の現在地を「森林限界の手前」と表現。「まだ頂上が見える段階ではない。強くなることで少しずつ上に登り、視界が開けてくる」と述べた。

10代のタイトルホルダーは藤井を含めてわずか3人。五冠がいかに驚異的な記録であるかがわかる

最年少三冠王
村上　宗隆（2000年生まれ）
（むらかみ　むねたか）

ファンからは「村神様」の愛称で親しまれる。試合中は、大きな声で味方を鼓舞し、年上であっても励ます

　熊本市出身。熊本・九州学院高時代は1年生4番の内野手として夏の甲子園に出場した。2018年、ドラフト1位でヤクルト入団。同年に初本塁打を放つと、2年目の19年は10代で歴代最多の36発をマークした。21年には東京五輪に出場し、金メダルを獲得。シーズンでは39本で本塁打王に輝き、リーグ優勝と日本シリーズ制覇に貢献し、最優秀選手賞（MVP）を受賞した。5年目の22年も快進撃は続く。8月、日本プロ野球史上初となる5打席連続本塁打を達成。シーズン最終戦の最終打席で歴代単独2位となる特大の56号アーチを架け、令和初の「三冠王」に輝いた。22歳での三冠王は最年少記録だ。

9歳4カ月で世界最年少囲碁棋士に
藤田　怜央（2013年生まれ）
（ふじた　れお）

プロ入り発表会見時の身長は130cm。イスに座布団3枚を敷き、座高を高くして臨み、「世界一になりたい。頑張ります」と抱負を語った

　大阪市出身。囲碁を始めたきっかけは4歳のころ夢中になったオセロゲーム。父親がオセロ教室を探したが見つからず、見た目が似ている囲碁をやらせようと、碁会所へ。のめり込み、ぐんぐん上達した。入門10カ月でアマ初段。幼稚園年長のときには大阪府の子ども大会小学生低学年の部で優勝。小1でプロ候補生になり、中高生らを相手に2021年の総合成績は2位。22年夏、通常の試験を経ず、突出した才能を見込んで抜擢する「英才特別採用」の打診が関西棋院からあり、22年9月、9歳4カ月の小学3年生で世界最年少のプロ棋士となった。同月のトッププロとの公開対局では敗れたものの、大器の片鱗を見せた。

侵攻に徹底抗戦、国民を鼓舞する大統領

ボロディミル・ゼレンスキー （1978年生まれ）

大統領が国外退避すれば士気の低下は必至。命の危険を案じて国外脱出を勧める声もある中、国内にとどまり続ける

　ウクライナ・クリビーリフ出身。大学在学中からコメディアンとして活動し、人気者に。政治経験ゼロのまま、2019年の大統領選に立候補すると、知名度を武器に当選を果たす。クリミア半島を併合したロシアとの紛争解決に乗り出し、20年7月に完全停戦を実現する具体的措置で合意した。しかし、合意が実現しない責任をウクライナに押しつけたロシアが22年2月に侵攻に踏み切ると、「私はここにいる。武器を下ろすつもりはない」と、国民に徹底抗戦を訴えた。欧米各国が集まった電話会議で「生きて会えるのはこれで最後かもしれない」と言い残すと、この発言が心を動かし、厳しい対ロ制裁の発動につながった。

第20代韓国大統領

尹錫悦 （1960年生まれ）
ユンソンニョル

国民目線への配慮から、「青瓦台」と呼ばれるソウルの一等地の大統領執務室を移転。「絶大な権力の象徴」の国民への引き渡しを演出したが、「税金の無駄遣い」との批判も出た

　ソウル出身。1979年、ソウル大法学部に入学。91年、8回落ちた司法試験に合格し、検事となる。韓国検察は時の政権と近いとされるが、「空気」を読まないスタイルで、政権幹部や財閥トップを捜査して左遷されたこともあった。2016年、朴槿恵大統領に知人や大手財閥サムスングループをめぐる疑惑が浮上し、捜査を任されると、翌年に朴氏を逮捕。19年、文在寅政権から検事総長に任命されると、忖度なしで文氏側近らを捜査。文氏肝いりの検察改革にも抵抗したため、進歩（革新）系の文政権に批判的な保守層から支持を集め、政治経験ゼロながら22年3月の大統領選に勝利。5月、第20代大統領に就任した。

英国史上３人目の女性首相

リズ・トラス （1975年生まれ）

　英オックスフォード出身。数学者の父と看護師の母の間に生まれる。庶民的な学校で基礎教育を受けた後、名門オックスフォード大を卒業。石油大手シェル勤務などを経て政治家に転身した。キャメロン政権では、首相の判断に従い、欧州連合（EU）残留派になったが、保守党が離脱を決めると、強硬な離脱派になるなど、時代の空気を読み、柔軟に立ち位置を変える力を持つ。尊敬する政治家は、サッチャー元首相。不祥事で辞任表明したジョンソン氏の後継を選ぶ党首選では「小さな政府」の立場から減税を繰り返し唱え、勝利。2022年９月、英国史上３人目の女性首相となった。会計士の夫との間に娘が２人いる。

エリザベス女王から静養先の北部スコットランドにあるバルモラル城で首相任命を受けた。女王に最後に任命された首相となった

テスラ会長、スペースＸ創業、世界一の富豪

イーロン・マスク （1971年生まれ）

　南アフリカ・プレトリア出身。幼い頃、コンピューターに没頭。テクノロジーへの関心を強めると、「大学在学中、人類にとって今後大切なテーマは何かと考え、インターネット、持続可能なエネルギー、宇宙の三つだと結論づけた」という。17歳でカナダへ移住。1990年代後半、オンライン決済会社「ペイパル」の前身の会社を設立。のちに米イーベイに買収され、1.8億ドルを手にすると、これを元手に2003年創設の電気自動車メーカーのテスラに出資して会長に。宇宙企業「スペースＸ」を創業し、民間企業として初めて人間を宇宙に運んだ。米誌の長者番付では、総資産は約２千億ドルで世界一の富豪とされる。

徹底した現場主義、ワーカホリックで知られる。人気映画「アイアンマン」の主人公のモデルともいわれる

日大再生を担う、初の女性理事長

林　真理子 <ruby>林<rt>はやし</rt></ruby> <ruby>真理子<rt>まりこ</rt></ruby>（1954年生まれ）

　山梨県山梨市出身。日本大学芸術学部文芸学科を卒業。コピーライターを経て、1982年にエッセー集「ルンルンを買っておうちに帰ろう」でデビュー。84年に書いた小説「星影のステラ」が直木賞候補となり、執筆業に専念。86年、「最終便に間に合えば」「京都まで」の2作で第94回直木賞を受賞した。直木賞など、数々の文学賞の選考委員や、2019年には「元号に関する懇談会」のメンバーを務める。22年7月、脱税事件で元理事長が有罪判決を受けるなど、不祥事に揺れる日大の理事長に就任。女性の理事は1889年の創立以来初めて。再生へ向けて、リーダーシップを発揮することが期待されている。

理事長選考をめぐって、大学再生への固い決意と改革への高い志、古い体質からの脱却に必要な考えと実行力を持ち合わせていることと、強い愛校心が評価された

米アカデミー賞受賞の映画監督

濱口　竜介 <ruby>濱口<rt>はまぐち</rt></ruby> <ruby>竜介<rt>りゅうすけ</rt></ruby>（1978年生まれ）

　川崎市生まれ。映画監督・脚本家。東京大学文学部に進学すると、映画研究会へ。卒業後は映画の助監督、テレビの制作現場を経験し、東京芸術大学大学院映像研究科へ。2008年の修了制作「PASSION」が国内外の映画祭に選ばれ、18年の商業映画デビュー作「寝ても覚めても」もカンヌ国際映画祭の長編コンペティション部門に出品するなど、国際的な舞台で注目を集める。21年、村上春樹原作で、自ら脚本も手がけた「ドライブ・マイ・カー」が、カンヌで同部門の脚本賞を日本作品として初受賞。さらに、22年3月の第94回米アカデミー賞で、日本作品2作目となる国際長編映画賞に輝いた。

コロナ禍で打撃を受けたミニシアターを支援するため、仲間と基金を設立。3億3千万円の寄付を集めて、100超の劇場に平均300万円を配った

日本人初、3団体統一王者
井上 尚弥（1993年生まれ）
<small>いのうえ なおや</small>

ドネア戦終了時点でのプロ戦績は、23戦23勝20KO。12月には4団体統一戦を予定する

神奈川県座間市出身。小学1年でボクシングを始める。2012年10月にプロデビューすると、6戦目の14年4月、世界ボクシング評議会（WBC）ライトフライ級王座に就き、日本最速記録を樹立した。その強さから、「ザ・モンスター」（怪物）の異名をとり、18年5月には3階級制覇を達成。バンタム級では、19年5月に国際ボクシング連盟（IBF）のタイトルを奪取し2冠に。22年6月、WBC王者のノニト・ドネアを2回1分24秒TKOで破り、日本人初の3団体統一王者となった。同月、米国の老舗専門誌が選定する全階級を通じた最強ランキングで、日本選手として初めて1位に輝いた。

快進撃の新人騎手
今村 聖奈（2003年生まれ）
<small>いまむら せいな</small>

8月に地方交流競走を含めた「通算31勝」を達成し、秋以降のG1騎乗条件をクリアした

滋賀県出身。元騎手で、現在は調教助手の父・康成さんの背中を見て育つ。栗東トレーニングセンターに父と通い、競走馬とたわむれるのが当たり前の環境で成長し、小学6年で「将来は騎手に」と決めた。2022年3月にJRA（日本中央競馬会）の騎手としてデビューすると、翌週に初勝利。5月には10勝に到達し、JRA女性騎手の新人年間最多勝記録を更新した。重賞初騎乗となった7月のCBC賞では鮮やかな逃げ切り勝ち。1984年のグレード制導入以降、新人が重賞初騎乗で勝利したのは4人目。下半身や体幹の筋肉を集中的に鍛えてつくり上げた騎乗フォームと、強烈な負けん気の強さが持ち味だ。

Contents | 目次

◎ニュースを読み解く時事キーワード

■ 政治

参院選で当選確実となった候補者の名前に花をつける岸田文雄首相（右）＝2022年７月、自民党本部

国際関係

ウクライナ北部のチェルノブイリ原発前で
警備するウクライナ軍の兵士

経済

タブレット端末を活用した授業。友だちの意見や教材を手元で見ることができる

環境・国土・交通

長崎駅を出発する西九州新幹線の一番列車
「かもめ２号」＝2022年９月

科学・技術

アニマルウェルフェアへの意識が高い欧米。
フランスでは2024年１月からペットショップ
での犬と猫の販売が禁止される

東北勢初の優勝を決め、マウンドで喜ぶ
仙台育英の選手たち＝2022年8月、阪神
甲子園球場

■ 社会

■ マスコミ・広告

◎必須の一般常識

本書の内容は2022年10月14日時点の情報に基づいて作成しています。

執筆者：森田圭祐（フリーランスエディター）

デスク：佐藤聖一

編集スタッフ：植村美香、森田圭祐

DTP：服部記子（朝日新聞総合サービス）

校閲：藤井広基、大橋美和、小倉亜紀、畝佳子、志保井杏奈、山田欽一、川浪史雄（朝日新聞総合サービス　出版校閲部）

編集協力：（株）エディポック

写真：朝日新聞社データベース事業部

図版：報図企

装丁＋本文デザイン：神田昇和

ニュースを読み解く時事キーワード

参院選、自民党が改選過半数確保

2022年7月に行われた第26回参議院議員選挙で、自民党は今回争われた125議席の過半数にあたる63議席を単独で確保した。公明党（13議席）と非改選の70議席を合わせて定数の過半数（125）を維持した。

与党内では、衆議院を解散しない限り25年夏の参院選まで大型国政選挙の審判を受けずに政策

今回当選した参院議員は?
平均年齢は…
56.6歳 年齢は7月10日時点
女性議員の数は…
35人（28%）で最多
男性議員は…
90人（72%）

	当選者数	非改選を含む議席数	改選前からの増減
自民党	63	119	+8
立憲民主党	17	39	−6
公明党	13	27	−1
日本維新の会	12	21	+6
共産党	4	11	−2
国民民主党	5	10	−2
れいわ新選組	3	5	+3
NHK党	1	2	+1
社民党	1	1	0
参政党	1	1	+1
無所属	5	12	−3
全体	125	248	

を進められる期間が見込めるとして、「黄金の3年」になるとの声が上がる。しかし、国民への負担を求める社会保障改革や、原発の活用を含めたエネルギー問題〔●50ページ〕など、岸田文雄首相が参院選後に先送りした世論の賛否が分かれる政策について、今後相次いで判断を迫られる。

野党は、立憲民主党が野党第1党を維持したものの、勝敗を左右する1人区で議席を伸ばせず17議席にとどまり、改選議席（23）を下回った。一方、日本維新の会は改選の6議席から積み増して12議席を獲得し、21年秋の衆院選に続く議席増となった。また、自民、公明、維新、国民民主党の4党で、非改選を合わせて参院でも改憲発議に必要な3分の2を確保した。今後、憲法改正の議論が注目される。

総務省によると、投票率は52.05%（前回比3.25ポイント増）。戦後2番目の低さとなった19年を上回ったものの、戦後4番目の低さだった。

女性候補者が３割超え

2022年7月の第26回参議院議員選挙で、全候補者に占める女性の割合は33.2％となり、衆院選を含めた戦後の国政選挙で初めて３割を超えた。女性の当選者も35人（当選者全体の28％）となり、過去最多だった16年と19年の参院選の28人を上回った。

選挙区と比例区を合わせた全候補者545人のうち女性は181人。女性当選者35人を政党別にみると、自民13人（当選者の21％）、立憲９人（53％）、維新３人（25％）、公明２人（15％）、共産２人（50％）、国民２人（40％）など。参院の全議員248人に占める割合は26％。

18年施行の、男女の候補者をできる限り均等にするよう政党に求める候補者男女均等法が、増加の要因の一つにあるとみられる。

第２次岸田改造内閣

岸田文雄首相は2022年8月、内閣改造と自民党の役員人事を行い、第２次岸田改造内閣を発足させた。岸田首相は新型コロナ、ウクライナ危機〔●32ページ〕など、「有事に対応する政策断行内閣」として、経験と実力を兼ね備えた閣僚を起用した」と説明し、浜田靖一防衛相や加藤勝信厚生労働相ら政権の重要課題にあたる閣僚を再登板させた。

また、安倍晋三元首相の銃撃事件〔●128ページ〕を機に世界平和統一家庭連合（旧統一教会）との関係が問題となったことから、教団との関係の点検を指示した。「教団と自民党の関係」をリセットするのが狙いだったとみられ、所属国会議員179人に旧統一教会側と接点があったとしたが、その後も追加の報告が続き、人事後に支持率は急落した。

自民党改憲4項目

　2018年に当時の安倍晋三首相（自民党総裁）の下でまとめられた、①憲法9条の改正②大規模災害時の国会議員の任期延長などを含む緊急事態条項の創設③教育の無償化④参院選挙区の合区解消、の4項目。

　改憲の原案は衆参各院の憲法審査会が過半数で可決し、各本会議で3分の2以上が賛成すれば、憲法改正案として国民投票に向けて発議される。自民党で伝統的に憲法改正から距離を置いてきた宏池会出身の岸田文雄首相は、もともとは改憲に積極的ではないとみられてきた。しかし、22年7月の参院選で憲法改正に積極的な4党（自民、公明、維新、国民）が衆参で3分の2の議席を確保したことから、憲法改正について「実現に向け国会での議論をリードしていきたい」と述べ、改憲論議を進める考えを示した。

　ただ、改憲に前向きな4党だが、主張は異なり、議論の行方は見通せない。例えば9条改正への対応では、自民と維新は「戦争放棄」「戦力の不保持」を定めた1項と2項を維持したまま、自衛隊を明記することを公約に掲げる。公明は自衛隊について、公約で「多くの国民は違憲の存在とみていない。引き続き検討を進める」と慎重な態度を示しているなど、姿勢に違いがある。

改憲4項目のポイント

◎9条	1項、2項を維持したまま、両項の規定は国民の安全を保つため「必要な自衛の措置をとることを妨げない」として、そのための実力組織として自衛隊を保持
◎緊急事態	大地震その他大規模災害時に限って①国民の生命などを保護するため内閣に緊急政令の制定権を認め②選挙が適正に実施できない時は国会議員の任期の特例を定めることができる
◎教育	経済的理由にかかわらず教育を受ける機会を確保するなど、国に教育環境整備の努力を求める
◎合区の解消	参院の3年ごとの改選で各都道府県から少なくとも1人以上の議員を選べるようにすることができる。衆院も含めた選挙区の画定には人口以外の要素も総合的に勘案

文通費の見直し（調査研究広報滞在費）

　衆参の国会議員に月100万円支給される文書通信交通滞在費（文通費）について、在職日数に応じて日割り支給を可能にする改正関連法が、2022年4月に成立した。

　改正法では議員となった日を起点にし、日割り支給とする。衆議院の解散や死亡を除き、任期満了、辞職、退職、除名の場合も日割りとなる。名称が調査研究広報滞在費に改められ、目的も「公の書類を発送し及び公の性質を有する通信をなす等のため」から、「国政に関する調査研究、広報、国民との交流、滞在等の議員活動を行うため」に広げられた。

　文通費は日割り支給の仕組みがなかったため、21年10月31日投開票の衆院選で当選したばかりの新人に10月分が満額支給され、見直しの声が出ていた。ただ、使途公開と、未使用分の国庫返納は今回の法改正に盛り込まれなかった。

オンライン国会

　憲法56条第1項は、衆参両院の本会議を開く要件について「総議員の3分の1以上の出席がなければ、議事を開き議決することができない」と定める。

　この「出席」は、議員が実際に本会議場にいる必要があると解釈されてきた。しかし、コロナ禍で感染対策が求められる中、審議や採決に参加できるなら、リモートでも出席と見なせないか、検討しようという流れになり、衆院憲法審査会は2022年2月から4回にわたって議論を進めた。緊急事態などに限り、例外的に認めるべきとの意見が多く、共産党以外の会派が賛成し、報告書をまとめて議長に提出した。

　導入へ向け、国会の運営などを議論する衆院の議院運営委員会が検討を続けている。

デジタル庁

　行政のデジタル化などの司令塔となる組織。2021年9月に発足した。22年現在、人員は約750人で、約250人を民間から採用した。

　1人一律10万円の現金給付の遅れやファクスで感染者のデータを集計するなど、コロナ禍で国内のデジタル行政の遅れが浮き彫りになったため、当時の菅義偉首相が20年9月の自民党総裁選でデジタル庁創設を公約に掲げた。行政手続きの押印廃止や、個人を識別できるマイナンバーとひもづけてオンライン申請できる手続きを増やすことで、国民や民間企業の利便性向上につなげる。無駄が多いとされる国の情報システムも、予算と権限をデジタル庁に集約して見直しを進める。

マイナンバーカード

　日本の全住民に割り振られる個人番号のマイナンバーが記載されたカードで、住民の申請により交付される。顔写真や氏名、住所、生年月日なども示され、身分証明書として利用できる。税金や社会保障などの手続きでも利用される。

　新型コロナウイルス対策で全住民に一律10万円を給付する特別定額給付金支給では、カードを使ったオンライン申請が導入されたが、カードの交付率の低迷やシステムの未整備が課題になったことから、政府はカードの普及を急ぐ。

　交付率は2022年8月31日時点で47.4％で、政府は23年3月末にほぼ100％をめざしている。普及策として、マイナンバーカードを持つ人に買い物などに使えるポイントを配る政府のマイナポイント事業を実施している。24年秋から健康保険証と統一するほか、運転免許証と一体化する時期も24年度末から前倒しを検討している

IR（カジノを含む統合型リゾート）

カジノを含む統合型リゾート（IR=Integrated Resort）は、国際会議場やホテルを集めた施設で、カジノを設けて海外からの集客力を高め、収益性を上げる。国内にIRをつくるための実施法と、懸念されるギャンブル依存症の対策基本法が2018年7月に成立した。

政府は20年12月に正式決定した、整備する地域を決める基準などを示した基本方針に基づき、自治体からの申請を受け付け、国土交通相が最大3地域を選ぶ。開業時期は20年代後半の見通し。大阪府・市や横浜市、和歌山県、長崎県が誘致を表明していたが、横浜市は21年8月に就任した新市長が撤回を表明。和歌山県も22年4月、県議会が国への申請案を否決した。大阪府・市と長崎県は整備計画を申請しており、誘致をめぐる審査はこの2地域を中心に進むことになる。

ふるさと納税

個人が自分で選んだ自治体に寄付すると、払う税金が減るという制度。2008年度に始まった。

21年度の寄付額は前年度比1.2倍の8302億円、寄付件数は同1.3倍の4447万件で、いずれも過去最高を更新した。21年度に寄付額が最多だったのは北海道紋別市（前年度は2位）で152億円。2位は宮崎県都城市（同1位）で146億円、3位は北海道根室市（同3位）で146億円だった。寄付額が伸びている理由として、利用者数や返礼品の種類が年々多くなっていることが挙げられる。

住民が寄付することで、税収が減る自治体もある。22年度の住民税収の減少額は横浜市の230億円、名古屋市の143億円、大阪市の123億円の順だった。

敵基地攻撃能力

　中国や北朝鮮のミサイル技術の進歩を受け、政府は敵のミサイル発射拠点などを直接攻撃する敵基地攻撃能力（反撃能力）の保有を検討している。

　1956年に鳩山一郎内閣は、日本に攻撃が行われた場合、「座して自滅を待つべしというのが憲法の趣旨とは考えられない」とし、「他に手段がない」場合に限り、ミサイル基地を攻撃するのは「法理的には自衛の範囲」と説明。これが政府見解として歴代内閣に引き継がれてきた。ただ、敵基地攻撃は必ずしも違憲でないとしながらも、憲法をふまえた専守防衛で持つ兵器は必要最小限にとどめ、敵基地攻撃能力は持ってこなかった。

　抑止力強化で敵基地攻撃能力を持てば、戦後の防衛政策の大転換となる。中国など周辺国の反発を招いて、安全をめぐる環境を悪化させる恐れもある。

防衛費の増額

　岸田文雄首相は2022年5月、バイデン大統領との日米首脳会談で、日本の防衛力を根本的に強化し、防衛費の相当な増額を確保する決意を表明した。

　米国はトランプ政権下の20年から同盟国に対し、防衛費を国内総生産（GDP）の2％以上にすることを求めており、政府は6月決定の骨太の方針に、北大西洋条約機構（NATO）諸国が国防費の対GDP比2％以上をめざしていることと、日本の防衛力を5年以内に抜本的に強化することを明記した。

　日本の防衛費は長い間、GDP比で1％に抑えられてきた。22年度当初予算の防衛費は5.4兆円で、2％にする場合、新たに5兆円が必要となり、財源が課題となる。

経済安全保障推進法

高度な先端技術の流出防止や、医薬品など経済や生活に欠かせない重要物資の確保などを狙う経済安全保障推進法が、2022年5月に成立した。

①医薬品や半導体などを安定的に確保するサプライチェーン（供給網）の強化②サイバー攻撃に備えた基幹インフラの事前審査③先端技術の官民協力④原子力や高度な武器に関する技術の特許非公開——の4本柱からなる。

経済安全保障推進法の「4本柱」

	対象
サプライチェーン（供給網）の強化	医薬品や半導体、レアアース、蓄電池を想定
基幹インフラの事前審査	電気、電気通信、放送、郵便、鉄道、航空、水道など14分野
先端技術の官民協力	宇宙、海洋、AI、量子、バイオを想定
特許非公開	原子力や武器関連の技術

政府が企業の設備を審査するほか、先端技術研究にも関与する。違反した企業などには最大で「2年以下の懲役か100万円以下の罰金」が科される。23年以降、段階的に施行される見通し。政府は、「先端技術の官民協力」と「サプライチェーンの強化」の議論を先行して進めている。

同法の整備の背景に、米国と中国との先端技術をめぐる覇権争いがある。「軍民融合」を掲げる中国は、民間の先端技術を積極的に軍事面に採り入れてきた。警戒を強めた米国のトランプ前政権は、中国通信大手・華為技術に対して半導体の輸出規制を強化しており、日本でも情報や高度な技術が流出しないための法整備を求める声が強まっていた。

ただ、対象物資や対象設備などは法律に具体的に記載されておらず、公正で透明な運用に課題が残る。

広島でサミット

2023年に日本で開かれる主要7カ国（G7）の首脳会議（サミット）の開催地が、広島市に決まった。核保有国の米英仏を含む主要国のトップが、被爆地に集うこととなる。ウクライナ侵攻〔●32ページ〕を進めるロシアが核兵器の使用も示唆する中、地元選出の岸田文雄首相は「武力侵略も、核兵器による脅かしも、断固として拒否するというG7の意思を示したい」と述べた。

サミットは1975年にフランスで初めて開かれて以降、原則毎年開催され、23年で49年目を数える。日本での開催は7回目で、前回は16年に三重県志摩市で開かれた。23年の開催地には広島市のほか、福岡市と名古屋市も名乗りをあげていた。

土地利用規制法施行

安全保障上重要な施設周辺の土地利用を規制する法律（土地利用規制法）が、2022年9月に全面施行された。

自衛隊や在日米軍の基地、海上保安庁の施設、原発など安全保障上重要な施設の周辺約1kmや、国境近くの離島を首相が「注視区域」や「特別注視区域」に指定。対象となった区域では国が土地や建物の利用状況を調べ、施設の機能を損ねる行為に対しては、中止の勧告や懲役を含む罰則つきで命令できるようになる。特別注視区域では、一定の面積以上の土地や建物の売買時に氏名や国籍の事前届け出も義務づける。

運用の基本方針で定められた規制される行為は、「自衛隊等の航空機の離着陸の妨げとなる工作物の設置」や「施設に対する妨害電波の発射」など七つの類型。これらの行為があった土地については、国は土地等利用状況審議会に諮ったうえで、利用者に中止勧告・命令を出すことができる。

普天間移設問題

米軍普天間飛行場は沖縄県宜野湾市の真ん中にあり、「世界一危険な米軍基地」といわれる。米兵による少女暴行事件を機に、日米両政府は1996年、県内移設を条件に普天間飛行場の返還を決め

埋め立て工事が進む辺野古沖＝21年12月

た。2002年には国、県、市が移設先として名護市辺野古沖の埋め立て案で合意。06年には両政府が合意した在日米軍再編のロードマップ（行程表）で、14年までの辺野古移設完了を決めた。

09年の衆院選で「最低でも県外」と唱えた民主党政権の誕生後、鳩山政権は県外移設を掲げて見直しを模索したが、10年5月、辺野古移設を受け入れた。こうした経緯に沖縄県民の反発が強まり、実現の見通しが遠のいた。しかし、12年末の自公政権発足を経て、日米両政府は13年4月、嘉手納基地以南の米軍施設を段階的に返還する計画で合意した。

国土の0.6％しかない沖縄県に米軍専用施設の7割が集中しており、県民から「沖縄差別だ」との声があがる。22年9月の知事選では現職の玉城デニー氏が再選を決め、13年に仲井真弘多知事（当時）が辺野古埋め立てを承認して以降、知事選は反対派が3連勝となった。

だが、政府は「辺野古が唯一」を崩していない。18年に始まった沿岸部の埋め立て工事では軟弱地盤が見つかったが、改良工事をめぐって国と県で法廷闘争を繰り広げている。普天間返還は遠のき、政府が19年末に示した工期では、早くても30年代半ばへと大幅にずれこむ見通しだ。

日本の領土問題

尖閣諸島

　沖縄県八重山諸島の北約170kmに散在する五つの島と岩礁の総称で、中国名は「釣魚島」。日本政府は1895年に閣議決定で領土に編入し、沖縄県の一部とした。戦後、1972年の沖縄返還に伴い米国から日本に返還された。68年、周辺に石油資源が埋蔵している可能性が判明すると、70年代以降、中国と台湾が「古来の領土」と主張し始めた。実効支配する日本は、「領土問題は存在しない」との立場だ。

　近年、中国公船などが領海侵犯を繰り返している。2010年9月には、中国漁船が尖閣諸島近海で海上保安庁の巡視船に衝突する事件が起きた。12年4月、東京都の石原慎太郎知事（当時）が尖閣諸島の購入計画を表明。これを受け、当時の野田政権が同9月に国有化した。これに中国側は猛反発。国有化以降、中国の海洋監視船や漁船が尖閣周辺を常時航行しており、接続水域や領海への侵入を繰り返している。

竹島

　日本海に浮かぶ総面積約0.21km²の小島と岩礁で、日本と韓国が「固有の領土」と主張している。韓国名は「独島」。日本は1905年、閣議決定を受けて島根県知事が県所属とする告示を出したことを根拠にしている。一方、韓国は、日本が同じ年に韓国から外交権を奪い、5年後に併合した経緯から無効と主張。52年、「李承晩ライン」を設定し、実効支配している。

　韓国の国会議員らがたびたび訪問していたが、2012年8月には現職大統領として初めて李明博大統領（当時）が上陸した。上陸を受けて、日本政府は国際司法裁判所（ICJ）への共同提訴を韓国政府に提案したが、拒否された。島根県が

開く「竹島の日」記念式典（2月22日）など竹島関連の出来事があるたびに、韓国は抗議を続けるなど、対立が続く。

北方領土

国後島、択捉島、色丹島、歯舞群島からなり、面積は千葉県ほどの広さ。戦前は約1万7千人の日本人が暮らしていたが、1945年8～9月、第2次世界大戦で日本がポツダム宣言を受諾して降伏した後にソ連が軍を進め、占領した。日本は「固有の領土」として返還を求めているが、ロシアは「大戦の結果としてソ連に移った」と主張し、実効支配している。

2018年11月、安倍晋三首相（当時）とプーチン・ロシア大統領が会談し、1956年の日ソ共同宣言を基礎に平和条約交渉を加速させることで合意した。56年宣言は平和条約締結後に歯舞群島、色丹島の2島を引き渡すと明記している。日本は北方四島の一括返還を求めていたが、2島の先行返還を軸に進める方針に転換した。

しかし、交渉は進んでいない。22年2月のロシアのウクライナ侵攻以降は、制裁などで欧米と協調する日本への反発を強めており、北方領土での軍事演習など日本周辺での軍事活動を活発化させている。

日本の領土問題

北方領土
領有権を主張している国:日本、ロシア
実効支配をしている国:ロシア

尖閣諸島
領有権を主張している国・地域:日本、
　　中国、台湾
実効支配をしている国:日本

竹島
領有権を主張している国:日本、韓国
実効支配をしている国:韓国

27

日本国憲法のポイント

◆日本国憲法

大日本帝国憲法（明治憲法）に代わって1946年11月3日公布、47年5月3日施行された現在の憲法。前文と11章103条からなる。

◆基本原理

国民主権、平和主義、基本的人権の尊重。

（大日本帝国憲法の特徴：①欽定憲法②天皇大権③法律で制限された人権④国会は天皇の協賛機関⑤天皇の名において裁判⑥内閣は天皇の輔弼機関⑦天皇の発議による憲法の改正、など）

◆国民主権

国家の政治権力は国民に由来するため、国家の政治のあり方を最終的に決定する権力は国民にあるという考え方。

◆平和主義

平和に第一義的な価値を置く世界観。

◆基本的人権

すべての人間が生まれながらに持っている侵すことのできない永久の権利。個人として尊重され、公共の福祉に反しない限り、立法その他の国政の上で、最大限に尊重される。具体的には、自由権、社会権、平等権、参政権などがある。

◆天皇の地位（1、4条）

天皇は日本国の象徴であり、日本国民統合の象徴であって、その地位は主権の存する日本国民の総意に基づく。天皇の職務は儀礼などにとどまり、国政に関する権能は持っていない。

◆戦争の放棄（9条）

「国権の発動たる戦争と、武力による威嚇又は武力の行使は、国際紛争を解決する手段としては、永久にこれを放棄する」とし、戦力不保持と交戦権の否認を定めている。

◆個人の尊重、幸福追求権（13条）

生命、自由および幸福追求に対する国民の権利については、公共の福祉に反しない限り、立法その他の国政の上で最大の尊重を必要とする。

◆国民の三大義務（26、27、30条）

教育の義務、勤労の義務、納税の義務。

◆三権分立（41、65、76条）

権力の濫用を防ぐため、国家の政治権力を立法権、行政権、司法権に分け、国民の自由や権利を保障しようとする仕組み。

◆国会の地位、立法権（41条）

国権の最高機関であり、国の唯一の立法機関。

◆二院制（42条）

議会が二つの議院で構成されている制度。日本は衆議院と参議院で国会を構成している。一つの合議体は一院制。

◆選挙権と被選挙権（15、44条）

選挙権は満18歳以上の男女が有

する。被選挙権は、衆議院議員は満25歳以上の男女。参議院議員は満30歳以上の男女。（年齢は公職選挙法の規定）

◆議員の任期（45、46条）

衆議院議員は4年。参議院議員は6年で、3年ごとに半数を改選。

◆衆議院の優越（59、60、61、67条）

国会の議決は、衆参両院一致の議決によるが、法律案や予算案の議決、条約の承認、内閣総理大臣の指名などの議決で衆参両院の議決が異なったとき、衆議院の議決（法律案は再可決）を国会の議決とすることができる。また、予算を先に衆議院に提出する予算の先議権も有している。

◆国政調査権（62条）

両議院はそれぞれ国政に関する調査を行い、証人の出頭や証言、記録の提出を要求することができる。

◆内閣（65、73条）

行政権を担当する最高の合議機関。内閣総理大臣とその他の国務大臣で構成される。また、内閣は一般行政事務のほか、次の事務を行う。①法律を誠実に執行し、国務を総理する②外交関係の処理③条約の締結④法律の定める基準に従い、官吏に関する事務を掌理する⑤予算を作成し、国会に提出⑥政令の制定⑦大赦、特赦、減刑、刑の執行の免除および復権の決定。

◆内閣総理大臣と国務大臣（66、67、68条）

内閣の首長であり、行政の最高責任者である内閣総理大臣は、国会議員の中から国会の議決で指名され、天皇によって任命される。国務大臣は内閣総理大臣が任命する。すべて文民であり、過半数は国会議員でなければならない。

◆内閣不信任と解散・総辞職（69条）

内閣は衆議院で不信任の決議案が可決されるか、信任案が否決され、10日以内に衆議院が解散されないときは、総辞職しなければならない。

◆司法権（76条）

司法権は最高裁判所と下級裁判所に属する。大日本帝国憲法下にあった特別裁判所の設置は認めていない。行政機関は、終審として裁判できない。

◆国民審査（79条）

最高裁判所の裁判官は、国民の直接投票による審査を受ける。任命後最初の総選挙時に審査され、その後は10年経過するごとに審査される。投票者の多数が罷免を可とする裁判官は罷免される。

◆違憲立法審査権（81条）

最高裁判所は、一切の法律や命令、規則または処分が憲法に適合するかしないかを決定する権限を持つ「終審裁判所」である。

◆憲法の改正（96条）

憲法の改正は、各議院の総議員の3分の2以上の賛成で国会が発議し、国民投票または国会の定める選挙の際に行われる投票で過半数の賛成を必要とする。承認を経たとき、天皇は国民の名で公布する。

政治

☑ チェックドリル

Question	Answer

□1 2022年7月の第26回参議院議員選挙で、全候補者に占める女性の割合は何％だったか。

1 33.2%

□2 2018年に施行された、男女の候補者をできる限り均等にするよう政党に求める法律を何というか。

2 候補者男女均等法

□3 自民党の改憲4項目の一つで、戦争やテロ、大規模災害などの非常事態に対処するため、一時的に政府に強い権限を与える法的な規定を何というか。

3 緊急事態条項

□4 自民党の改憲4項目は、憲法9条の改正、教育の無償化、**3**ともう一つは何か。

4 参院選挙区の合区解消

□5 国会議員に月100万円支給される文書通信交通滞在費の新しい名称を何というか。

5 調査研究広報滞在費

□6 憲法56条第1項で、衆参両院の本会議を開く要件は「総議員の何分の1以上の出席」が必要と定めているか。

6 3分の1

□7 行政のデジタル化などの司令塔となる組織として、2021年9月に発足した組織は何か。

7 デジタル庁

Question

☐**8** マイナンバーカード普及へ向けて政府が取り組む、買い物などに使えるポイントを配る事業を何というか。

☐**9** カジノを含む統合型リゾートの英略語は何か。

☐**10** ⑨の誘致を表明している自治体は、大阪府・市ともう一つはどこか。

☐**11** 2021年度に、ふるさと納税の寄付額で全国で1位となる152億円を集めた自治体はどこか。

☐**12** 政府が保有について検討する、敵のミサイル発射拠点などを直接攻撃する能力を何というか。

☐**13** 岸田文雄首相は、防衛費の増額を検討しているが、GDP比で何%以上にすることをめざしているか。

☐**14** 2023年に主要7カ国（G7）の首脳会議が開かれる都市はどこか。

☐**15** 沖縄県宜野湾市にある米軍普天間飛行場の移設先はどこか。

☐**16** 2022年9月の沖縄県知事選で再選を果たしたのは誰か。

Answer

8 マイナポイント

9 IR（=Integrated Resort）

10 長崎県

11 北海道紋別市

12 敵基地攻撃能力（反撃能力）

13 2%

14 広島市

15 名護市辺野古沖

16 玉城デニー

ロシア、ウクライナに侵攻

2022年2月24日、ロシアがウクライナへの全面的な侵攻を開始した。首都キーウ（キエフ）など、各地の軍事施設にミサイル攻撃や空爆を行い、地上部隊も国境を越えてウクライナに侵入した。ロシアのプーチン

激戦地で警備につくウクライナ軍兵士

大統領はテレビ演説で、親ロシア派組織とウクライナ軍の対立が続くウクライナ東部での「特別軍事作戦」の実施を宣言。米国や北大西洋条約機構（NATO）の脅威が迫っているとして「ロシア、そして国民を守るにはほかに方法がなかった」と主張した。

ロシアは当初、早期にキーウなどを陥落させる計画だったとみられる。しかし、欧米の軍事支援を受けたウクライナ軍の抵抗が想定外に強く、3月下旬にはキーウ近郊からの撤退を開始。次に東部の制圧を狙ったが、足踏み状態だ。一方、欧米の武器供与を受けたウクライナ軍は8月以降、攻勢を強め、南部や東部で領土の奪還を進めている。

欧米や日本など西側諸国は、ロシアに厳しい経済制裁を幾重にも科して停戦圧力を加える。しかし、プーチン政権はソ連時代のような「自給自足」の経済を探って市民生活への影響を抑えようとしており、期待する成果は上がっていない。

プーチン大統領は9月、占領したウクライナ東部・南部の4州を併合すると一方的に宣言した。ロシア国内では、予備役兵の動員をめぐって混乱が広がっており、戦況の行き詰まりを立て直す強硬策だった。ウクライナ側は停戦条件にロシア軍の全面撤退をあげており、停戦交渉は不可能な状況だ。

NATOの拡大

NATO加盟国（□）他に米国・カナダ・アイスランド
加盟を申請（□）

NATO本部
（ブリュッセル）

スウェーデン

フィンランド

ロシア

モスクワ

キーウ
（キエフ）

ウクライナ

アンカラ

トルコ

　フィンランドとスウェーデンは2022年5月、北大西洋条約機構（NATO）への加盟を申請した。フィンランドはソ連（当時）に侵攻された第2次世界大戦以来、ソ連との関係悪化を避けるため、スウェーデンは19世紀前半から、ともに軍事的非同盟を外交方針に据えており、中立の立場をとってきたが、ロシアのウクライナ侵攻で方針を変えた。

　ロシアは、ウクライナ侵攻に先立ち、NATOの拡大停止を要求。しかし、北欧2国の加盟で、北極圏から地中海まで加盟国が並んで対ロシアの防衛ラインが築かれることになり、ロシアが望んだのとは逆の結果となる。

　NATO加盟の全30カ国は7月、2国の加盟議定書に署名した。今後、加盟各国で批准手続きを進めるが、トルコの批准手続きが順調に進むかが課題だ。トルコはテロ組織とみなすクルディスタン労働者党などを両国が支援しているとして、加盟に難色を示していた。満足する対応を両国がとらなければ、トルコの批准手続きが滞る恐れがある。

関連用語　**北大西洋条約機構（NATO）**

　第2次世界大戦後の1949年、旧ソ連（現在のロシアなど）に対抗する米国主導の軍事機構として米国、英国、フランスなど計12カ国で設立。集団防衛義務を定めている。一方、ソ連など共産圏諸国は55年にワルシャワ条約機構を設立し、冷戦期は東西の軍事同盟が対立する構図だった。89年の東西冷戦終結後は役割を徐々に変え、イラクやアフガニスタンなど域外に活動を広げ、対テロが任務の大きな柱になった。また、旧共産圏の東欧諸国やトルコ、バルカン半島などにも拡大し、30カ国が加盟する。

国連安全保障理事会

　国連の主要機関で、常任理事国5カ国（米、英、仏、ロシア、中国）と、任期2年の非常任理事国10カ国の計15カ国で構成されている。国連憲章で、国際の平和と安全の維持に対して「主要な責任」を負うと定められており、全加盟国に法的拘束力の及ぶ決議を出す権限が与えられている。

　しかし、ロシアのウクライナ侵攻〔➡32ダ〕をめぐり、安保理に対する批判が高まっている。ロシアが拒否権を持つため、ウクライナ侵攻に対し法的拘束力のある決議は一度も出せていないためだ。2022年4月には国連総会で、安保理の常任理事国が拒否権を使った場合、国連総会の会合で理由の説明を求められることが決まった。ただ、拒否権の行使国に説明を義務づけるものではない。安保理の抜本的な改革を求める声もあるが、国連憲章の改正が必要で、ハードルは高い。

SDGs

　2015年9月に採択された、加盟国が30年までに取り組むことを決めた国連の持続可能な開発目標（SDGs＝Sustainable Development Goals）。「地球上の誰一人として取り残さない」を共通の理念に、極度の貧困と飢えをなくすなどの従来の開発目標に加え、ジェンダーの平等や良好な雇用環境づくり、生産と消費の見直しなど、17分野からなる。

　国連は01年に開発指針「ミレニアム開発目標」（MDGs）を策定。貧困・飢餓の撲滅、初等教育の完全普及、女性の地位向上などを図った。だが、内容は先進国が決めており、途上国からは反発もあった。SDGsでは目標づくりから途上国も参画。途上国への開発支援にとどまらず、ジェンダー平等など、先進国が国内で取り組む課題も新たに盛り込まれた。

NPT再検討会議が決裂

米ニューヨークの国連本部で4週間にわたって開かれていた核不拡散条約（NPT）の再検討会議は、2022年8月、ロシアの反対で最終文書を採択できず、決裂した。

ロシアの代表は「五つの項目」に不満があるとし、修正を求めたが、反映されなかったとして反対した。具体的には語らなかったが、ロシアが占拠するウクライナのザポリージャ原発や、ウクライナが核を放棄する代わりに安全を保証された1994年の「ブダペスト覚書」に関する項目とみられる。

前回15年に続く決裂で、ロシアが「核の脅し」を使う中、半世紀以上にわたって核戦争のない世界に寄与してきたNPT体制への信頼が揺らぐ事態となった。

核兵器禁止条約

核兵器の使用や保有などを法的に禁じる条約。2017年7月に国連で採択され、21年1月に発効した。核兵器の使用、開発、実験、保有、移転などを幅広く禁止する。当初案で除外されていた、核使用をちらつかせる脅しの禁止も最終的に盛り込まれた。また、核兵器の使用や実験の影響を受けた人々に、医療などの援助を提供することもうたう。

だが、核保有国や、日本など核保有国の核兵器に安全保障を依存する国々は反対・不賛同の立場だ。22年6月に第1回締約国会議がオーストリアの首都ウィーンで開かれ、「核の傘」の下にあるドイツなどがオブザーバー参加したものの、条約に加わる意思はないことを明確にした。日本はオブザーバーとしての参加も見送った。こうした国々や日本は、核不拡散条約（NPT）こそが核軍縮・不拡散を議論する場だと主張している。

米国、銃規制強化法が成立

米連邦議会で2022年6月、銃規制強化法案が可決、バイデン大統領が署名して成立した。法案は、銃乱射事件が相次いだことを受け、上院の超党派グループで合意された。抜本的な改革ではないが、約30年ぶりに連邦レベルで銃規制が進むことになる。

法律は、21歳未満の銃購入者の身元確認を厳格にするなどの内容。銃規制に対して共和党は後ろ向きだったが、今回は下院の共和党議員の一部も賛成に回った。銃規制に積極的な民主党側が求めていた、殺傷能力の高いアサルトウェポン（突撃銃）の販売禁止などの強い規制は盛り込まれなかった。

銃規制をめぐっては、1994年に突撃銃の製造や販売を禁じる法律が成立したが、2004年に失効。それ以降も乱射事件で犠牲者が出るたびに連邦議会で銃規制の強化が議論されてきたが、共和党議員の反対が根強く、大きな進展はなかった。

ペロシ米下院議長の訪台

米連邦議会のペロシ下院議長（民主党）が2022年8月に台湾を訪問し、蔡英文総統らと会談した。下院議長の訪台は25年ぶり。ペロシ氏は「米国は決して台湾を見捨てない」と語り、今後も台湾との安全保障や経済における結びつきを深めていく姿勢を強調した。

大統領の継承順位が副大統領に次ぐ2位の人物の訪台をめぐり、米側に再考を強く求めてきた中国は猛反発し、台湾を取り囲む六つのエリアで前例のない規模での軍事演習を実施。台湾海峡の中間線を多数の軍用機や軍艦が越え、ミサイルは日本の排他的経済水域（EEZ）内にも落下した。米中対立の焦点となった台湾をめぐる緊張は深刻化している。

QUAD

　日本、米国、オーストラリア、インドの4カ国が安全保障などで協力する枠組み。「4」を意味する英語にちなんで、QUADと呼ばれる。日本が中国を念頭に提唱する「自由で開かれたインド太平洋」（FOIP）を実現するために、民主主義の価値観を共有する4カ国で様々な協力をする。

　インド太平洋地域で、軍事的にも経済的にも台頭する中国に対抗するのが狙い。安倍晋三元首相が第1次政権で提唱し、第2次政権発足後の17年に局長級会談、19年に外相会談が実現し、21年3月の首脳協議に発展した。22年5月に日本で開かれた首脳会合では、今後5年間でインド太平洋地域に500億ドル以上のインフラ支援や投資をめざす方針などを確認し、連携強化の姿勢を打ち出した。QUADが発展するにつれ、中国は警戒感を強めている。

「対中国」4カ国の立ち位置

日本
経済関係を重視しつつも、尖閣諸島周辺への領海侵入などで緊張

米国
台頭を見据え、同盟国や友好国と関係強化

オーストラリア
関係が極度に悪化。QUADの枠組みでの対中圧力を歓迎

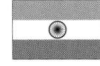

インド
国境問題を抱えるが、「対中包囲網」の形成には消極的

関連用語（ **IPEF** ）

　米国が検討しているインド太平洋地域の新しい経済枠組み。Indo-Pacific Economic Framework。米国内で自由貿易への反発が根強いことから環太平洋経済連携協定（TPP、◯54ページ）復帰を断念したバイデン大統領が、2021年10月にTPPに代わる構想として提唱した。経済力と軍事力を背景に自国に有利なルール作りを進める中国を念頭に、貿易やサプライチェーン（供給網）の分野などで協力を深めることを想定している。

　日本やオーストラリア、インド、韓国、東南アジアの各国などが参加を表明している。しかし、IPEFは米国の意向で、関税の引き下げには踏み込まない。米国市場への輸出拡大が見込めない中で、合意は見通せない。

フランス大統領選、マクロン氏再選

2022年4月、フランス大統領選で、中道の現職マクロン氏が、自国第一を掲げる右翼「国民連合」のルペン氏を退け、再選を果たした。

ロシアによるウクライナ侵攻〔→32ページ〕が続くさなかの大統領選で、マクロン氏はロシアへの制裁強化に前向きな姿勢を示しつつ、侵攻や制裁にも起因する物価上昇に対処するという難しい対応を迫られた。ルペン氏は、「愛国」を訴える一方で極端な移民排斥などの主張を封印し、極右イメージを拭う「脱悪魔化」を進めた。また、ガス代や電気代の消費税率引き下げを公約に掲げた。

仏大統領に現職が再選されるのは02年のシラク氏以来だが、今回の得票率は59％と、66％でルペン氏に圧勝した17年ほどの支持は得られなかった。

シリア内戦

2011年春、中東に広がった民主化運動「アラブの春」に端を発したシリアの反体制運動に対するアサド政権の武力弾圧を引き金に、シリア内戦が勃発した。周辺国や大国が介入。さらに、過激派組織「イスラム国」（IS）やクルド人勢力なども入り乱れ、戦闘が続いた。だが、15年9月に政権の後ろ盾となるロシアが軍事介入すると、戦況は一変し、アサド政権の軍事的優位が固まった。一時、国土の約4割を支配したISはすべての拠点を失った。

しかし、和平実現に向けた道のりは見通せず、市民の窮状が続く。内戦の泥沼化で38万人以上が命を落とし、1300万人以上が国の内外に逃れた。「今世紀最悪の人道危機」と呼ばれる。

英国首相にトラス氏

2022年9月、英国の与党・保守党の党首選でトラス外相が選出され、トラス氏は故サッチャー、メイ両氏に続き、英国史上3人目の女性首相となった。

党首選は、コロナ対策で禁じられていたパーティーに自ら出席するなど相次ぐ不祥事で、7月にジョンソン氏が辞任を表明したことに伴い行われた。当初、初のアジア系の首相をめざしたスナク前財務相が下院議員による投票で1位となり、リードしていた。しかし、ジョンソン氏の不祥事への抗議として財務相を辞任したことがジョンソン氏辞任の引き金になったと批判を浴び、失速した。

トラス氏は、ロシアによるウクライナ侵攻への対応や光熱費の高騰などによる記録的なインフレ、欧州連合（EU）離脱後の欧米との関係再構築などの課題に取り組むことになる。

エリザベス女王死去

英国のエリザベス女王が2022年9月、死去した。96歳だった。国王には、長男で皇太子だったチャールズ氏がついた。

女王は1926年、ロンドンで生まれた。36年、10歳で次期国王になることが決まる。47年、ギリシャの王子、フィリップ殿下と結婚し、3男1女をもうけた。52年、父の急逝を受けて25歳で即位すると、日本をはじめ130カ国以上を公式訪問した。

女王は、第2次世界大戦を経た大英帝国の衰退や欧州連合（EU）からの離脱など激動する1世紀を見届け、英国の君主として最長となる約70年7カ月の在位を全うした。英国の顔として精力的に王室外交や慈善活動に取り組み、国民に親しまれた。

アフガニスタン、タリバン復権

　アフガニスタンで、2021年8月に首都カブールを制圧したイスラム主義勢力タリバンは、9月に暫定政権を発足させた。

　01年の米同時多発テロを契機に始まった戦いが泥沼化する中、20年の米大統領選の公約にアフガン撤退を掲げたバイデン大統領は、米同時多発テロから20年となる21年9月11日までに、駐留米軍を完全撤退させると表明。5月から撤収作業を本格化させると、タリバンは攻勢を強め、米軍に頼ってきた政府軍の統率は一気に崩れた。

　タリバン主導の国家運営に国内の混乱は続く。タリバンと対立する過激派組織「イスラム国」（IS）の支部組織による攻撃やテロも起きている。また、女性が外出する際に全身を覆うことを義務づけるなど、旧政権時代にも行った女性の社会進出や通学などの制限を進めている。

スリランカ、大統領が国外逃亡

　スリランカで2022年7月、経済危機に対する大規模なデモが起き、ラジャパクサ大統領は国外へ逃亡し、辞任した。

　陸軍出身の国防次官として内戦を抑え込んだラジャパクサ氏は、19年の大統領選で当選。元大統領の兄を首相に据え、外国からの借金をもとに経済開発優先の政策を進めた。閣僚や国有企業の要職には親族が名を連ね、政財界で絶大な力を誇った。しかし、コロナ禍で観光業が低迷。外貨不足に陥った。政府が事実上の債務不履行（デフォルト）に陥った4月からは、最大都市コロンボ中心部で抗議デモが拡大。一部は暴徒化し、7月には大統領公邸や首相府が占拠された。

　大統領の後任にウィクラマシンハ首相が選出された。24年11月まで務めるが、混乱の収束は見通せない。

オーストラリア政権交代

2022年5月に行われたオーストラリアの総選挙で、野党・労働党が勝利し、与党・保守連合（自由党、国民党）から9年ぶりに政権を奪還した。労働党のアルバニージー党首が首相に就任した。

選挙戦で労働党は、物価の上昇に賃金の伸びが追いつかず、不満が広がっていることなどをとらえ、生活苦や住宅難、高齢者福祉の問題などに焦点を当てた。外交政策では、両陣営とも中国との関係を意識した論戦を展開。オーストラリアではここ数年、中国への警戒感が高まり、中国脅威論や中国への強硬路線は党派の違いを超えて浸透していた。前政権は安全保障面で米英豪の協力の枠組み AUKUS や、日米豪印の QUAD 〔●37ぺ〕での協力にも積極的な姿勢を見せてきたが、新政権も外交・安保の基本的な路線は変えない方針だ。

コロンビア、左派大統領誕生

2022年6月、南米コロンビアの大統領選で、首都ボゴタの元市長で左翼ゲリラ出身のグスタボ・ペトロ氏が当選し、8月に大統領に就任した。ペトロ氏は、1970〜80年代に活動した左翼ゲリラ「4月19日運動」（M19）の元メンバー。武器を隠し持った罪で、刑務所に収監された経験を持つ。その後は政治家として、ボゴタ市長や上院議員を務めた。大統領選は3度目の挑戦で、格差解消や脱炭素に向けた取り組み、治安の改善などを公約に掲げた。

コロンビアでは16年に左翼ゲリラ・コロンビア革命軍との和平合意が結ばれたが、国内避難民は500万人に及ぶなど治安の悪化が目立つ。建国史上初の左派政権の誕生により、対米関係に変化が生じる可能性も指摘されている。

フィリピン大統領選

　2022年5月にあったフィリピン大統領選で、元上院議員のフェルディナンド・マルコス氏が当選を果たし、6月、大統領に就任した。任期は6年。

　マルコス氏の父親は、約20年間、独裁体制を敷いて、市民への拷問や不正蓄財を続けた故マルコス元大統領。SNSを通じて父のインフラ開発をたたえる動画を拡散させ、当時を「古き良き時代」と宣伝して負のイメージの払拭を図り、ドゥテルテ前大統領の長女サラ氏と組んで支持層を拡大した。

　就任演説では深刻化する食糧危機に対応する考えを強調。国民の生活に直結する課題に率先して取り組む姿勢を見せる。中国に融和的だったドゥテルテ政権と同様に親中路線を取るとみられたが、南シナ海に関して「領有権が踏みにじられることは1ミリたりとも許さない」と発言。一方で、中国を「最強のパートナー」とも呼んでおり、米中のはざまで摩擦を避けつつ実利を引き出す思惑とみられる。

ミャンマー、スーチー氏を収監

　2021年2月のクーデターで権力を握ったミャンマー国軍は22年6月、拘束していたアウンサンスーチー氏を刑務所に収監した。

　スーチー氏はクーデター後、汚職罪や社会不安をあおった罪など少なくとも19件で訴追され、22年4月までに6件で有罪判決を受け、計11年の禁錮刑を言い渡された。国軍は、スーチー氏の収監に否定的だったが、スーチー氏を支持する民主派の抵抗活動がやまないことから、扱いを見直した可能性がある。また、拘束を長引かせ、23年8月までに実施する総選挙から排除する狙いがあるとみられる。

香港国家安全維持法

　香港国家安全維持法（国安法）は、香港での反体制的な言動の取り締まりを狙って、中国の全国人民代表大会（全人代）で2020年6月に成立、即日施行された。国家分裂や政権転覆、テロ活動、外国勢力との結託・海外勢力による国家の安全への危害などについて、無期懲役以下の刑事罰を科す。

　国安法制定の背景には、容疑者の身柄を中国本土に引き渡すことを可能にする逃亡犯条例改正案をめぐり、19年に起きた大規模デモに危機感を強めたことがあった。しかし、香港返還時の「高度な自治を香港に認め、従来の制度や生活様式を50年は変えない」という約束に反した、一国二制度を骨抜きにする内容だ。

　国安法の施行後、当局による言論弾圧や民主派の逮捕が続く。中国政府の統制強化を受け、香港を脱出する移民が急増し、人口が減少している。

香港・長官に「強硬派」が就任

　2022年7月、香港政府トップの行政長官に李家超（ジョン・リー）氏が就任した。李氏は警察出身。19年の市民らの大規模なデモを取り締まっただけでなく、民主派議員らを次々と逮捕した人物。反逆罪などの罪を含む国家安全条例の制定を「必ずやる」と発言しており、「警察都市」化を懸念する声が高まっている。

　李氏は5月に行われた行政長官選の唯一の候補者で、99%を超す得票率で選任された。市民に投票権はなく、親中派が99.9%を占める選挙委員（定数1500人）だけが投票できる。中国政府が21年に改変した選挙制度により、民主派は完全に排除された。

ウイグル人権問題

ウイグル族は、中国・新疆ウイグル自治区に暮らすトルコ系少数民族。多くはイスラム教徒で、中華民国時代の1930〜40年代に「東トルキスタン」建国をめざす動きが起きるなど、歴史的にも漢族との確執を抱えてきた。2000年代には、武器や爆薬を使った襲撃事件が起き、中国政府は武装警察を投入するなどして締め付けを強めてきた歴史がある。

中国でウイグル族に対して深刻な人権侵害が続いているとして、批判が高まっている。米国は、強制収容所に拘束されているウイグル族などイスラム教徒の少数民族は17年4月以降、100万人以上にのぼると指摘するが、中国は一貫して弾圧を否定する。人権状況を理由に、米欧は22年2月の北京五輪〔➡122ページ〕に政府高官を派遣しない外交ボイコットに踏み切った。また、バチェレ国連人権高等弁務官（当時）が5月、国連の人権部門トップとして17年ぶりに訪中。8月には、テロ対策や過激派対策の名目で、中国政府による「深刻な人権侵害が行われてきた」とする報告書を発表した。

上海ロックダウン

2022年3月、中国各地で新型コロナウイルスの感染者が急増、上海市が都市封鎖（ロックダウン）され、封鎖は約2カ月間続いた。中国最大の経済都市の機能停止で、生産や物流などの経済活動が滞り、日本でもトヨタ自動車やホンダが国内工場の一時停止や減産を迫られるなど、影響は世界的に広がった。中国経済も減速。習近平指導部が掲げる22年の経済成長率目標「5.5％前後」の達成は厳しい情勢だ。だが、中国政府は新型コロナを徹底して抑え込むゼロコロナ政策を堅持する構えで、世界経済にとって今後もリスクとなりそうだ。

韓国大統領選

2022年３月の韓国大統領選で、保守系最大野党「国民の力」の尹錫悦〔➡４ページ〕前検事総長が当選した。５月に大統領に就任し、５年ぶりに保守系へ政権交代した。

大統領選は、進歩（革新）系の与党「共に民主党」の李在明 前京畿道知事との事実上の一騎打ちとなった。尹氏は進歩系の文在寅政権を、失策でソウル首都圏を中心に不動産が高騰し、若者の就職難も解決できていない、などと批判。外交でも、北朝鮮や中国に弱腰で同盟国の米国との関係を弱めた、などと指摘した。日本との関係も「国内政治に利用した」と断じ、文政権に対する不満や批判の受け皿になった。

経済面では、規制緩和や新産業の育成などを通じて成長を追求する方針だ。北朝鮮には「実質的な非核化」を求めるなど、融和的な政策だった前政権の方針から転換した。

徴用工問題

韓国の大法院（最高裁）は2018年10月、日本の工場などへの強制的な動員は「日本企業の反人道的な違法行為」であり、慰謝料請求権は1965年の日韓請求権協定の適用対象に含まれないとして、日本製鉄（旧新日鉄住金）に元徴用工らへの賠償を命じた。当時の文在寅大統領は「三権分立で政府は介入できない」と述べ、日本に判決を尊重するよう求めた。日本は請求権協定で「解決済み」との立場で、韓国が示した解決案を拒否している。

大法院の判決に基づき、日本企業の資産を売却して元徴用工の賠償に充てる「現金化」の手続きが進む。現金化となれば日本政府は報復措置に出る構えで、日韓関係がさらに悪化することが懸念されている。

国際関係

☑ チェックドリル

Question	Answer

□ 1 コメディアンから転身したウクライナの大統領は誰か。

1 ボロディミル・ゼレンスキー

□ 2 NATOは日本語で何というか。

2 北大西洋条約機構

□ 3 2022年5月に、NATOへの加盟を申請した2国はどことどこか。

3 フィンランド、スウェーデン

□ 4 2015年9月に採択された国連の持続可能な開発目標の英略語は何か。

4 SDGs

□ 5 核不拡散条約の英略語は何か。

5 NPT

□ 6 2021年1月に発効した、核兵器の使用や開発、保有、核使用をちらつかせる脅しなどを禁じた条約は何か。

6 核兵器禁止条約

□ 7 2022年8月に台湾を訪問した米国の下院議長は誰か。

7 ナンシー・ペロシ

□ 8 日本、米国、オーストラリア、インドの4カ国が安全保障などで協力する枠組みを何というか。

8 QUAD（クアッド）

□ 9 バイデン米大統領が2021年10月にTPPに代わる構想として提唱した、インド太平洋地域の新しい経済枠組みを何というか。

9 IPEF

Question	Answer
☐10 2022年4月のフランス大統領選で再選を果たしたのは誰か。	10 エマニュエル・マクロン
☐11 2021年12月にドイツの首相に就任したのは誰か。	11 オラフ・ショルツ
☐12 2022年9月に、英国史上3人目の女性首相となったのは誰か。	12 リズ・トラス
☐13 アフガニスタンで2021年9月に暫定政権を発足させたイスラム主義勢力を何というか。	13 タリバン
☐14 経済危機に対する大規模なデモが起きて、2022年7月に大統領が国外逃亡した国はどこか。	14 スリランカ
☐15 2022年5月の総選挙で9年ぶりに政権交代して、アルバニージー氏が首相に就任した国はどこか。	15 オーストラリア
☐16 2022年5月にあったフィリピン大統領選で当選したのは誰か。	16 フェルディナンド・マルコス
☐17 香港での反体制的な言動の取り締まりを狙いに、2020年6月に施行された法律を何というか。	17 香港国家安全維持法
☐18 2022年5月に韓国大統領に就任したのは誰か。	18 尹錫悦 _{ユンソンニョル}

物価高

物価高が続いている。2022年8月のモノやサービスの価格の変動を示す消費者物価指数は、値動きの大きい生鮮食品を除いた総合指数が102.5で、前年同月より2.8%上が

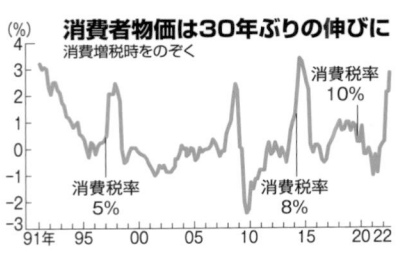

消費者物価は30年ぶりの伸びに
消費増税時をのぞく
消費税率 10%
消費税率 5%
消費税率 8%
(%)
4
3
2
1
0
-1
-2
-3
'91年 95 00 05 10 15 20 22

った。消費増税の影響があった期間を除けば、バブル景気直後の1991年9月以来、30年11カ月ぶりの水準だ。

上昇は12カ月連続で、ロシアのウクライナ侵攻〔→32ページ〕による資源価格の高騰や円安の影響で、エネルギー関連や食料価格などが上昇した。特にエネルギー関連はプラス16.9%と、2ケタの上昇率だ。生鮮食品とエネルギーを除く総合指数は1.6%上昇だった。

日本銀行が目標とする物価上昇2%を5カ月連続で上回った。ただ、今回の物価高は、賃金が上昇してモノがよく売れることで起こる「良いインフレ」ではなく、原材料の高騰で物価が上がる「悪いインフレ」だ。欧米の8月の物価上昇率は米国が8.3%、ユーロ圏が9.1%、英国が9.9%と日本に比べて格段に高い。欧米は人手不足から人件費が高騰し、住居費や旅行などのサービス価格も上がっている。一方、日本は賃金の伸びが弱く、暮らしへの影響が社会問題化している。

賃金が上がれば経済の好循環が起こるが、賃上げが不十分なら消費が落ち、景気が冷え込む恐れがある。政府は4月に約6兆2千億円の物価高騰への緊急対策を打ち出し、10月にも総合経済対策をまとめる。物価高が今後も見込まれる中、企業が成長を続け、安定的な賃上げにつなげることが物価上昇への最大の対策となる。

進む円安

円安が進んでいる。2022年9月には一時、1ドル＝145円台後半まで進み、3月から半年で30円下落した格好だ。背景には、利上げを進める米国と、金融緩和で金利を低く抑える日本との金利差が広がったことがある。市場では、円を売って金利の高いドルを買う動きが広がっている。

政府・日本銀行は9月22日、円安ドル高に歯止めをかける狙いで、約10年10カ月ぶりに為替介入を実施した。ドル売り円買い介入に限れば1998年6月以来、約24年3カ月ぶりで、一時、5円ほど円高が進んだ。ただ、市場に対して再介入を警戒させる効果はあるものの、日米の金利差が広がる中で、円安が進みやすい状況は変わらない。

新しい資本主義

岸田文雄首相が掲げる経済政策。安倍政権下で始まった大規模な金融緩和と巨額の財政支出、成長戦略の3本柱を維持する。一方、構造改革や規制改革が格差を広げたことから、小泉改革以降の新自由主義的政策を転換し、「成長と分配の好循環」の実現をめざすとしている。

格差是正に向けて、従業員の賃上げに取り組む企業への税制支援や、株の売却益や配当にかかる金融所得課税の見直し、教育費・住居費の支援などを進め、中間層の所得を拡大することで、「令和版所得倍増」をめざすとしている。

2022年6月にまとめた実行計画では、重点投資する分野として、「人」「科学技術・イノベーション」「スタートアップ（新興企業）」「グリーン・デジタル」の四つを挙げた。一方、分配政策については、賃上げ税制の拡充などには触れたものの、富裕層を想定した金融所得課税の強化には触れなかった。

電力不足

　電力不足が心配されている。近年、脱炭素の流れが加速し、採算が取りづらい火力発電所の休廃止が進んでいることが背景にある。需給に応じて出力を調整しやすい電源が減っており、逼迫（ひっぱく）の懸念が高まっている。原発も政府や大手電力会社が期待するほど再稼働が進まず、需給が改善するのは火力発電所の建て替えが進む2023年度以降という。

　22年３月には電力需給逼迫警報が東北・東京電力管内で、６月には電力需給逼迫注意報が東京電力管内で出された。７月には、７年ぶりとなる全国的な節電要請も出した。政府は８月、深刻な電力不足の緩和を狙って、電力各社が実施する節電プログラムに参加した家庭などに２千ポイントを支給する節電ポイントを始めた。22年冬には深刻な電力不足が懸念されており、さらにポイントを支給することなどを検討中だ。

原発、新増設を検討

　岸田文雄首相は2022年８月、原発の本格活用へ向け、新増設や建て替え（リプレース）について検討を進める考えを示した。22年末にかけて具体的な議論を進める。

　脱炭素の実現について議論するGX（グリーン・トランスフォーメーション）実行会議で表明したもので、再生可能エネルギーや原子力はGXを進める上で不可欠だとして、安全性の確保を大前提に運転期間の延長など、既設原発の最大限の活用、次世代革新炉の開発・建設などを検討するという。

　福島第一原発事故以降、歴代政権は原発への依存度を低減する方針を掲げてきた。岸田首相も再稼働を進める一方、新増設やリプレースは「想定していない」としてきた方針を変えたもので、大きな政策転換となる。

半導体不足

　世界的な半導体不足となっている。高速通信規格５Ｇ〔
102ページ〕の広がりに加え、新型コロナウイルスの感染拡大による巣ごもり需要で、ゲーム機など電子機器向けの半導体需要が急増。一方、米国の工場の停電や、日本の工場の火災など、生産側にもトラブルが集中したことが理由だ。「産業のコメ」とも呼ばれる半導体は電子機器に欠かせない部品で、自動車や電化製品の生産が滞って品薄となり、物価高（インフレ）の一因となっている。

　世界で半導体工場の建設ラッシュが起きている。各国が誘致を競っており、日本でも2021年秋に、政府が約４千億円の補助金を出して台湾積体電路製造（TSMC）の工場を熊本に誘致した。21年12月には半導体関連の設備投資を促すため、国が補助する制度を盛り込んだ改正関連法が成立した。

ウッドショック

　木材の価格が高騰している。「ウッドショック」と呼ばれる現象で、米国で始まった。新型コロナウイルスの感染拡大で落ち込んでいた米国での住宅建築需要が、2020年５月のロックダウン解除で増加。在宅勤務の推進で、新しく家を買ったり、リフォームしたりする動きが加速した。輸入材に頼る日本も影響を受

価格が過去最高水準に達したロシア産の木材

け、丸太や製材の価格が上昇し始めた。22年２月のロシアのウクライナ侵攻〔→32ページ〕後、ロシア政府は非友好国への木材の輸出を禁止したため、価格の上昇に拍車がかかった。

中央銀行デジタル通貨

　中央銀行が発行するデジタル通貨。JR東日本のSuica_{スイカ}などの電子マネーのように、日々の買い物や取引に使える。受け取った後に銀行口座を通じて紙幣などに換える必要もなく、受け取った人がそれをさらに別の支払いにも使える。停電時やオフライン下でも使える。

　各国の中央銀行は、より効率的な決済システムづくりに向けた取り組みを本格化させている。先行するのが中国だ。試験的に使用できる場所は大都市を中心に2021年末時点で800万カ所を超え、取引金額も約876億元（約1兆6千億円）にのぼる。22年内にデジタル人民元を導入するとも言われている。欧州中央銀行（ECB）も21年7月、デジタルユーロの設計や流通の仕方について2年間かけて調査するプロジェクトを始め、日本銀行も21年春に実証実験に着手している。

　一方、米ドルが世界の基軸通貨としてすでに覇権を保っていることから、米国はデジタル通貨の導入に慎重な姿勢を示していた。しかし、中国の動きを見据え、デジタルドルの議論を本格化させている。

暗号資産

　インターネット上の理論をもとに2009年以降、価値を持った電子データとしてネット送金や決済に使われている。「交換業者」と呼ばれる会社に口座を開いて使うのが一般的で、法定通貨の円やドルと交換できる。中央銀行のような公的な管理者はいない。複数のコンピューターでデータを管理する「ブロックチェーン」という仕組みで偽造を防ぐ。従来、仮想通貨と呼ばれていたが、19年5月に成立した改正資金決済法で暗号資産と改称した。

税収、2年連続で過去最高に

2021年度の国の一般会計の税収は67兆379億円となり、2年連続で過去最高となった。

税収のうち最も多かったのは消費税。前年度より9172億円多い21兆8886億円で、全体の32.6％を占めた。個人消費の回復やエネルギー価格の上昇で額が伸びた。所得税は2兆1924億円増えて21兆3822億円、法人税は2兆4082億円増えて13兆6428億円だった。法人税の増加は、円安による輸出企業の好業績などが主な要因。大企業から株主への配当が増えたことなどで、所得税も伸びた。

一方、21年度の歳出はコロナ禍の経済対策などで膨らんでいる。過去最高の税収とはいえ歳出の半分に満たず、巨額の国債発行に頼る構造は続く。

基礎的財政収支（プライマリーバランス）

借金の返済費（金利分を含む）を除き、毎年度の社会保障費や公共事業費など政策にかかる費用を、その年の税収でどれだけ賄えているかを示す指標。プライマリーバランス（PB）ともいう。

政府は「2025年度の黒字化」を目標に掲げる。しかし、22年7月発表の最新の試算では、25年度は5000億円の赤字で、26年度に1.8兆円の黒字になるという。ただ、この試算は高い成長率を見込んでおり、「現状維持」シナリオでの試算をみると、26年度に赤字額が減少するものの、その後は再び赤字が増加し、黒字化のめどは立たない。

コロナ禍で、大型の補正予算が毎年組まれている。自民党内からは防衛〔●22ページ〕や経済の立て直しなどのために、政府の支出増を求める声もあり、財政健全化の道筋は見えない。

RCEP発効

　日中韓とオーストラリア、ニュージーランド、東南アジア諸国連合（ASEAN）の計15カ国が参加する地域的包括的経済連携（RCEP＝Regional Comprehensive Economic Partnership Agreement）が、2022年1月に発効した。

　世界人口の約3割、国内総生産（GDP）の約3割を占め、発効済みの環太平洋経済連携協定（TPP）や欧州連合（EU）との経済連携協定（EPA）より大きい。日本にとっては、中国や韓国との間で結ぶ初めての自由貿易協定となる。

　協定には、二国間の関税の撤廃・削減に関する取り決めや、投資など、計20分野の共通ルールがある。貿易面では、日本から中国に輸出する自動車や自動車部品への関税が幅広く削減・撤廃になる。一方で、日本の農家への影響が大きいコメ、麦、牛肉・豚肉、乳製品、砂糖の「重要5品目」は関税の削減・撤廃の対象から除外され、消費者への恩恵はそれほど大きくない。

RCEP発効でこう変わる		
輸出	・段階的撤廃：中国・韓国向けの大部分の自動車部品（主に5〜20%程度）―交渉時点の関税率 ・同：中韓向けの清酒（中40%、韓15%） ・即時か段階的撤廃：インドネシア向けの牛肉（5%）	
輸入	・ほぼ即時撤廃：ASEAN各国の衣類（4.4〜12.8%） ・段階的撤廃：中国の紹興酒や韓国のマッコリ（1㍑当たり42.4円） ・コメや麦など重要5品目は関税撤廃・削減の対象外	
ルール	・データサーバーの国内設置を求めたり、データの国外への持ち出しを妨げたりしてはいけない ・WTOの枠組みを上回る知的財産の保護	

関連用語　TPP（環太平洋経済連携協定）

　Trans-Pacific Partnership の略。太平洋を取り巻く国々で、広範囲の物品関税の撤廃やサービス・投資の自由化を域内で進める協定。トランプ前政権時に米国が離脱し、11カ国で2018年に発効した。域内人口約5億人、国内総生産（GDP）約10兆ドルの巨大経済圏となる。

　21年9月、中国が加盟を申請した。しかし、加盟に向けた条件交渉を始めるには全加盟国の合意が必要で、領土問題や通商摩擦を抱える国があり、ハードルは高い。

東証、市場再編

東京証券取引所の市場が2022年4月、約60年ぶりに大幅再編された。

五つに分かれて違いが不明確だった市場を三つの新市場に統合して、世界から投資マネーを呼び込むのが狙い。最上位市場にあたるプライムに上場する企業は、市場で流通している株の時価総額が100億円以上とし、満たさなければ上場廃止にする。

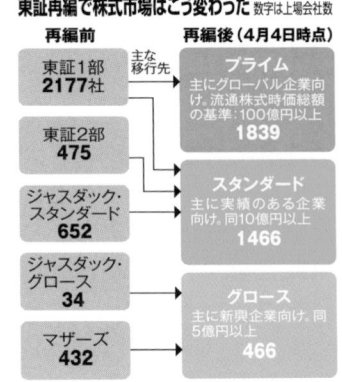

東証再編で株式市場はこう変わった 数字は上場会社数

再編前	主な移行先	再編後（4月4日時点）
東証1部 2177社	→	**プライム** 主にグローバル企業向け。流通株式時価総額の基準：100億円以上 **1839**
東証2部 475	→	**スタンダード** 主に実績のある企業向け。同10億円以上 **1466**
ジャスダック・スタンダード 652	→	
ジャスダック・グロース 34	→	**グロース** 主に新興企業向け。同5億円以上 **466**
マザーズ 432	→	

企業統治の面でも、気候変動によって受けるリスクの情報開示や独立社外取締役を3分の1以上に増やすことを求めるなど、基準を厳しくした。

ただ、基準を満たさなくても旧1部は原則的にプライムへ移れる経過措置も導入。この措置を利用した295社を含む旧1部の84%がプライムに移行し、構成企業は大きく変わらない姿となった。

取引実績に再編の効果はまだ見えず、株価も低調だ。東証が経過措置にいつ区切りをつけるか、投資家の注目が集まる。

関連用語 **M&A活発化**

M&A（合併・買収）助言大手のレコフによると、2021年に日本企業が関わったM&Aの件数は前年より14.7%多い4280件で、過去最多となった。新型コロナウイルスの感染拡大や世界的な脱炭素の流れを受け、事業の再編が活発化している。国内市場の先細りなどを背景に大企業が子会社を売るケースが目立つ。DX（デジタル化による変革）のため技術がある企業が買われている。22年4月の東京証券取引所の市場再編を控え、上場基準に対応するための再編もあった。

EVシフト

　ガソリンなどを燃料とするエンジン車への規制を強める動きが世界で広がり、電気自動車（EV）が次世代エコカーの本命候補になりつつある。

　地球温暖化対策への意識の高まりが、世界的なEVシフトの背景にある。米国は、2030年に新車販売の半分を排ガスゼロ車にする目標を掲げる。中国政府も、35年までにガソリンだけで走る新車を売れなくする方針で、日本も35年までに新車販売をすべてEVやプラグインハイブリッド車（PHV）、ハイブリッド車（HV）などの電動車にする目標を掲げる。欧州連合（EU）は、35年にHVやPHVを含むガソリン車の新車販売を禁止する。

　燃費の良さや価格の手ごろさ、総合的な技術力で競争を生き抜いてきた日本の自動車業界も、自己改革を迫られている。

カリフォルニア州の排ガス規制

　米カリフォルニア州の環境規制当局は2022年8月、35年までに州内で販売されるすべての新車の乗用車や小型トラックを、排ガスを出さないゼロエミッション車にするよう義務づける規制を承認した。

　今回の規制では、新たに販売するすべての乗用車、SUV、小型トラックについて、電気自動車、燃料電池車、プラグインハイブリッド車にするよう義務づける。

　同州は人口約4千万と全米最大で、米新車市場の1割を占め、日本メーカーの同州でのシェアは5割近くにのぼる。さらに、他の州にも同様の規制が広がる可能性がある。日本の自動車メーカーが得意とするハイブリッド車が売れなくなる厳しい内容で、さらなるEVへの転換が求められる。

キャッシュレス決済

　お札や小銭といった現金を使わないキャッシュレス決済が増えている。クレジットカードや、JR東日本のSuica などカードにお金をチャージして使う電子マネー、スマートフォンなどでQRコードを読み込むなどの決済手段がある。

　日本は偽札が少ないことや治安の良さなどから、2016年の普及率は20.0％（経済産業省まとめ）と低かった。しかし、キャッシュレス化が進むと、事業者には現金取り扱いコストの削減、店舗の省力化、また購買履歴データを活用した売り込みなど新たなサービス提供といったメリットがあり、キャッシュレス決済比率は増加している。21年は前年から2.8ポイント増の32.5％で過去最高を更新した。政府は比率を25年に40％、将来は80％まで伸ばす目標を掲げる。

農産物・食品輸出、１兆円超え

　2021年の農林水産物・食品の輸出額（少額貨物含む）は前年比25.6％増の１兆2385億円だった。増加は９年連続。政府が当面めざしてきた年間１兆円を初めて超えた。

　輸出先の国・地域別では中国（2224億円）、香港（2190億円）、米国（1683億円）、台湾（1245億円）の順で、中国は初の首位となった。コロナ禍で日本に旅行できなくなったこともあって、家庭が小売店や通販で日本産の食べ物を買う動きが広がった。円安も追い風となった。品目別で見ると、ホタテ貝（639億円、前年比104％増）、和牛などの牛肉（537億円、86％増）が特に大きく増えた。一方、輸入額も値上がりの影響で大きく増え、14.3％増の10兆1656億円だった。

　政府は年間の輸出額を25年に２兆円、30年に５兆円まで増やす目標を掲げている。

経済の基礎用語

　志望する企業の研究や、面接で質問された場合に最低限知っておきたい、経済の基礎用語をまとめました。

売上高

　企業の本業で得た金額のこと。本業以外で発生する受取利息などは営業外収益となり、売上高には含まれない。

営業損益、経常損益、純損益

　企業の損益計算上の利益と損失。企業の営業活動から直接生じた利益が営業利益。これに金利などの営業外損益を加減したものが経常利益で、企業の経営状態を最もよく示す数値として一般に用いられる。経常利益に、資産の売却益や評価益などの臨時的損益（特別利益、特別損失）を加減し、法人税などの税金を引いたものが純利益。それぞれ損失となった場合は、営業損失、経常損失、純損失となる。

損益計算書（PL）

　企業活動の時間的な区切りとして1年を1単位と考えたとき、1単位期間あたりの会社の経営成績を表すのが損益計算書（PL）。1単位期間の収益と費用をすべて対応させて、純損益を計上する。企業の収益力を判断する上で、貸借対照表（BS）と並んで重要な財務諸表。

貸借対照表（BS）

　決算時点など、ある時点での企業の財政状態を表すのが貸借対照表（バランスシート＝BS）。資金の調達源泉を右側（貸方）、資金の運用形態を左側（借方）に記入する。右側部分の返済が必要な部分は「負債」、その必要がないものは「純資産」と呼ぶ。左側の部分を「資産」と呼び、企業の財産を表す。これに関連して、資産＝負債＋純資産という貸借対照表等式が成り立つ。

連結決算（会計）

　親会社単独ではなく、子会社を含めた企業グループを一つの企業とみな

58

して決算したもの。売上高や支出された費用でグループ内の取引がある場合は相殺され、合計数字は小さくなる。子会社を連結に含むかどうかは出資比率や意思決定機関の支配力による。日本では2000年3月期に、単独決算中心から連結決算中心に移行した。

キャッシュフロー計算書（CS）

　企業における1年間の現金の増減を示す計算書。損益計算にはいくつかの会計手段があるが、会計上の損益ではなく、企業活動によって生み出された現金収支を示す。企業の資金取引を営業活動、投資活動、財務活動に分類し、それぞれの現金の動きを把握する。会計上の利益とは異なり、キャッシュフローは企業の手持ちの現金を示す。税引き後利益に減価償却費を加え、配当金と役員賞与などを引いたもの。

コンプライアンス（法令順守）

　企業が経営・活動を行う上で、法令・社会規範・倫理を順守すること。企業の不祥事が相次いで明るみに出る中、多くの企業は行動指針を策定し、違反行為があった場合の早期発見のための内部統制システムの構築に取り組んでいる。

M&A（企業の合併・買収）

　合併や買収の形で相手企業やその事業部門を入手すること。買収企業が存続会社として残り、被買収企業が消滅するのが「合併」（merger）で、過半数の株式取得を通じて被買収企業の支配権が買収企業に移行するのが「買収」（acquisition）。LBO（買収先企業の資産を担保にした借り入れによる買収）や、TOB（株式公開買い付け）などの手法がある。

企業の社会的責任（CSR）

　企業は社会の構成員として、株主に対してだけでなく、消費者、従業員、地域住民など様々な利害関係者（ステークホルダー）や環境に責任を負っているという考え方のもとで、法令を順守し、社会的公正や人権、環境に配慮して行う経営活動のこと。Corporate Social Responsibility の略。メセナなどの文化事業と異なり、本業での活動の取り組みをいう。CSRを一つの判断基準にして行う投資は社会的責任投資（SRI ＝ Socially Responsible Investment）。

経済

☑ チェックドリル

Question	Answer

□**1** 総務省が毎月発表している、全国の世帯が購入するモノやサービスの価格を調べて物価の変動を表した指数を何というか。

1 消費者物価指数

□**2** 翌日の電力需要に対する供給の余力が一定基準値を下回る見通しの場合に経済産業省が出す警報を何というか。

2 電力需給逼迫(ひっぱく)警報

□**3** 世界的に木材の価格が高騰しているが、この現象は何と呼ばれるか。

3 ウッドショック

□**4** 2019年5月成立の改正資金決済法により、仮想通貨は何と名称が変わったか。

4 暗号資産

□**5** 4で使われる、複数のコンピューターでデータを管理する仕組みを何というか。

5 ブロックチェーン

□**6** 借金の返済費を除き、毎年度の社会保障費や公共事業費など政策にかかる費用を、その年の税収でどれだけ賄えているかを示す指標を何というか。

6 基礎的財政収支（プライマリーバランス）

□**7** 政府は6を何年度に黒字化することを目標としているか。

7 2025年度

Question	Answer
8 2021年度の国の一般会計の税収は何兆円だったか。	8 67兆円
9 2021年度の国の税収で、税の種類別で最大となったのは何税か。	9 消費税
10 2022年1月に発効した日中韓や東南アジア諸国連合など15カ国でつくる「地域的包括的経済連携」の英略語は何というか。	10 RCEP
11 太平洋を取り巻く国々によるサービス・投資の自由化を定めた協定「TPP」は、日本語だと何というか。	11 環太平洋経済連携協定
12 11から脱退した国はどこか。	12 米国
13 東京証券取引所は2022年4月に市場を再編したが、最上位となる市場は何というか。	13 プライム市場
14 ガソリンなどを燃料とするエンジン車から、電気自動車への転換を図る動きを何と呼ぶか。	14 EVシフト
15 2021年の個人消費に占めるキャッシュレス決済比率は何％だったか。	15 32.5%
16 2021年の日本の農林水産物・食品の最大の輸出国となったのはどこか。	16 中国

新型コロナウイルス

　新型コロナウイルス感染症（COVID-19）は、2019年12月に中国中部の湖北省武漢市で出現し、急速に世界に広がった。世界保健機関（WHO）は20年１月、緊急事態宣言を出し、３月にパンデミック（世界的大流行）と認定した。感染者は米国やインドなどで特に多く、22年９月末に世界の感染者は６億1726万人、死者は654万人に達する。

　日本では同月末までに約2130万人が感染し、４万４千人以上が亡くなった。特に、第７波に突入した22年７月以降に感染が急拡大した。感染力が強いオミクロン株の変異系統BA.5が主流になったことが要因だ。第８波への対策として、オミクロン株対応のワクチン接種が９月から始まった。

　WHOのテドロス事務局長は９月、収束が近づいているとの認識を示した。世界で多くの人が感染し、ワクチンを接種した人も増え、「感染しても、重い病気を起こす人の割合が大幅に減った」ことが理由だ。一方、引き続き医療関係者や高齢者のワクチン接種率が100％となるようにすべきと訴えた。

関連用語 （ パンデミック ）

　世界的大流行のこと。世界保健機関（WHO）は 2020 年 3 月 11 日、新型コロナウイルスの感染拡大について、パンデミックの状態だと認定した。WHO がパンデミックの表現を使うのは、09 年の新型インフルエンザ以来 11 年ぶり。

関連用語 （ コロナウイルス ）

　表面に何本もある突起が、太陽のコロナに似ており、この名前がついた。突起を足がかりに細胞に侵入し増殖する。イヌ、ネコ、キリンなど、様々な動物で固有のコロナウイルスが見つかっている。ヒトに感染するものは、風邪の原因になる４種類のほか、2003 年に姿を消した重症急性呼吸器症候群（SARS）、中東呼吸器症候群（MERS）、今回の新型コロナウイルスがある。

内閣感染症危機管理統括庁と日本版CDC

　政府は2022年6月、首相直轄の内閣感染症危機管理統括庁（仮称）と、米疾病対策センター（CDC）にならった専門家組織「日本版CDC」の創設を決めた。

　感染症危機管理統括庁は、内閣官房に常設し、首相の指揮下に置く。平時から関係省庁の職員を横断的に集め、有事には増員し、一元的に対応にあたる。新型コロナ対策では、医療体制やワクチンなどの政策は厚生労働省が、緊急

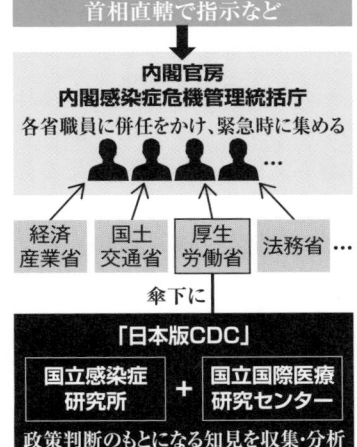

政府の組織再編のイメージ

首相直轄で指示など

**内閣官房
内閣感染症危機管理統括庁**
各省職員に併任をかけ、緊急時に集める

経済産業省　国土交通省　厚生労働省　法務省 …

傘下に

「日本版CDC」

国立感染症研究所　＋　国立国際医療研究センター

政策判断のもとになる知見を収集・分析

事態宣言など社会や経済と密接に関わる政策は内閣官房が担当してきた。しかし、省庁をまたぐ縦割りの弊害が表面化した。たとえば、ワクチンの3回目接種をめぐり、開始を早めたい官邸と、接種間隔を短くする科学的な根拠が薄いことなどを懸念する厚労省とで足並みが乱れた。

　また、政策を支える専門家組織として期待されるのが、日本版CDCだ。ウイルスの基礎研究や感染状況のデータ収集などを行ってきた国立感染症研究所と、病院機能を持ち、治療法、対策まで研究ができる国立国際医療研究センターを統合する。感染症の研究と臨床に関する情報をすばやく集め、政策判断に生かす狙いがある。

　米国のCDCは、政策に直結する強い影響力を持ち、世界各国も判断を注視する。日本版CDCの知見を政策として生かすため、受けとる政府側にも円滑な意思決定が求められる。

感染症法の取り扱い区分

感染症法は、感染症の危険度が高い順に1〜5類に分けて、国や自治体がとるべき対策を決めている。1〜5類に分類されていないが、国民の健康に大きな影響を与える恐れがある感染症を1年の期限付きで指定できるのが、指定感染症だ。

新型コロナウイルスは新しい感染症だったため、指定感染症に位置づけられ、感染症

感染症法上の分類

	主な感染症
1類	エボラ出血熱、ペスト、天然痘
2類	結核、SARS、MERS
3類	コレラ、腸チフス
4類	デング熱、マラリア
5類	季節性インフルエンザ
新型インフルエンザ等感染症	新型インフルエンザ、新型コロナウイルス

法で入院勧告や就業制限など厳格な措置がとれる「2類相当」とされた。その後、2類相当では対応しきれず、既存の5類型に当てはめるのが難しいことから2021年2月に「新型インフルエンザ等感染症」に位置づけられ、類型にとらわれず柔軟な対応が可能になった。

結果、1類や2類に近い措置がとられた。入院先を感染対策が整った全国約2300カ所の医療機関などとし、治療費は全額公費。感染者の全数把握のため、感染者発生届を保健所に提出するよう医療機関に求めてきた。

しかし、病床の逼迫や保健所の負担も大きく、新型コロナを季節性インフルエンザと同じ5類に変更するよう求める声が出ている。政府は区分変更には慎重な姿勢だが、22年9月、全数把握の簡略化を全国一律で導入した。発生届の提出を高齢者らに限定して、限られた医療資源を高齢者らに集中させて「ウィズコロナ」を進める狙いがある。厚生労働省によると届け出の対象は約2割に減るという。

iPS 細胞

人工多能性幹細胞（induced Pluripotent Stem cell）の略称。「万能細胞」とも呼ばれる。皮膚などの体細胞に複数の遺伝子を導入し、様々な細胞や組織になりうる能力を持たせた細胞。京都大学の山中伸弥教授らが2006年8月にマウスでの作製成功を発表。07年11月にはヒトでも成功し、山中教授は12年、ノーベル医学生理学賞を受賞した。

難病の治療や再生医療、新薬開発につながると期待されており、医療現場では実用化へ向けた動きが加速している。14年に世界初の臨床研究として、理化学研究所などのチームが目の難病（加齢黄斑変性）患者にiPS細胞から作った網膜細胞の移植手術を実施した。ほかにも、心臓の病気や脊髄損傷の患者を対象にした臨床研究の準備が進んでおり、実用化に向けた動きが正念場を迎えつつある。

関連用語 （ ES 細胞 ）

胚性幹細胞。不妊治療の際に余った受精卵（胚）をもとに作る。体のすべての組織の細胞になりうる能力を維持する、iPS細胞の「お手本」にあたる存在だ。米ウィスコンシン大学チームが1998年にヒトES細胞を作製、国内では2003年に京都大学が作製した。「受精卵を壊す」という倫理的な懸念から基礎研究に限っていた日本も、欧米で臨床試験が進んでいることを受けて13年に方針を転換。20年5月には国内初の臨床試験（治験）が行われた。

ヒト万能細胞作製の流れ

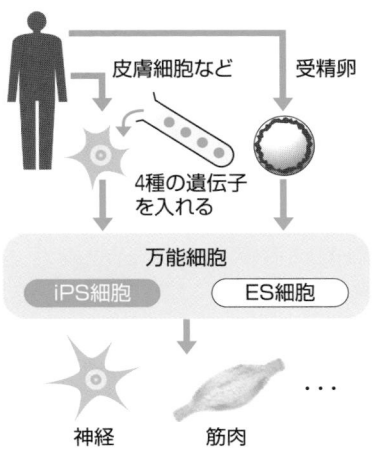

皮膚細胞など　受精卵

4種の遺伝子を入れる

万能細胞

iPS細胞　　ES細胞

神経　　筋肉　　…

オンライン診療

スマートフォンやタブレット端末などを使って、医師が患者と対面せずに診察すること。2018年度から本格的に公的保険が使えるようになると、コロナ禍によって一気に普及した。

従来、厚生労働省が定める指針では「初診は対面診療」が原則とされ、保険が使える疾患も限られていた。しかし、新型コロナの第1波に見舞われた20年4月、感染を恐れて医療機関に行けない人が増えたため、厚労省はすべての疾患で初診からオンライン診療を認めた。コロナ禍の期間限定の特例措置だったが、22年1月にコロナ流行期に限らずかかりつけ医による初診からのオンライン診療ができるようになった。

サル痘

ウイルスに感染することで発症し、発疹、発熱などの症状が出る。サル痘という名前は、動物実験のために集められたサルに天然痘のような症状が出たことに由来する。感染した動物との接触で人に感染するが、「濃厚接触しなければ、人から人へは容易には感染しない」とされる。世界保健機関（WHO）によると、致死率は3〜6％程度。

アフリカ中西部で流行してきたが、2022年5月以降、感染が広がり、WHOは7月、20年1月の新型コロナ以来となる「国際的に懸念される公衆衛生上の緊急事態」を宣言した。WHOが約1万人の患者を分析したところ、98.8%は男性で、多くは男性との性的接触があるという。また、WHOはアニマルウェルフェア〔●119ジ〕の視点から名称変更する方針だ。

7月には日本でも初めて感染者が確認された。天然痘ワクチンがサル痘にも効果があるとされ、厚生労働省は8月、備蓄するワクチンをサル痘にも使えるように薬事承認した。

結核、「低蔓延国」に

　国内で2021年に結核との診断を受けた患者は1万1519人で、人口10万人あたりの新規患者数を示す罹患率（りかん）は9.2人だった。統計が残る1951年以来、初めて10人を切り、世界保健機関（WHO）の分類で低蔓延国（ていまんえんこく）となった。

　厚生労働省によると、国内で21年に結核と診断され、死亡した人は1844人。明治から戦前にかけては不治の病と恐れられ、最も死者が多かった1943年には17万人が亡くなった。戦後、特効薬の登場や栄養状態の改善、感染対策によって患者は急激に減少。90年代後半にはいったん増加に転じたが、感染対策を進めて罹患率は低下していた。

　ただ、コロナ下での受診控えや保健所の繁忙による接触者健診の制限により、診断が遅れている患者がいる可能性も指摘され、引き続き感染対策を進めることが課題となっている。

出生前検査（NIPT）

　妊婦の血液だけでダウン症など、胎児の3種類の染色体異常がわかる検査。DNAの解析技術の飛躍的な向上により、従来の検査手法より早い妊娠10週以降に妊婦の血液を調べるだけで、染色体異常があるかどうか99％以上の精度でわかる。血液を採るだけなので、妊婦や胎児への負担は少ない。陽性の場合、結果の確定には羊水検査が必要となる。

　2013年からダウン症を含む三つの染色体異常を対象に、日本産科婦人科学会が認めた病院で臨床研究として始まった。しかし、学会が認めていない施設が検査を実施していることが問題化したため、22年7月から新制度が導入された。大学病院など169施設が新たな実施体制の要となる基幹施設に認証された。また、35歳以上としていた年齢制限も撤廃された。

求人倍率、全都道府県で１倍超え

　求職者１人あたりの求人が何件あるかを示す有効求人倍率（季節調整値）が2022年７月、全都道府県で１倍を超えた。「１倍超え」は人手不足感が強いことの目安で、コロナ禍で雇用情勢が悪化し始めた20年４月以来となる。22年８月の有効求人倍率は1.32倍で、８カ月連続で上昇した。

　求人数が伸びる背景には、緊急事態宣言などの行動制限が解かれ、地方でも観光客の増加などで、宿泊や飲食を中心に新規求人の大幅な増加が続いていることがある。

有効求人倍率

1.32

1.04

8月 12月 4月 8月 12月 4月 8月
2020年　　21年　　　　22年

出典：厚生労働省

テレワーク

　「tele」（離れた）と「work」（仕事）を合わせた造語。ICT（情報通信技術）を利用した、時間や場所にとらわれない柔軟な働き方を指す。

　新型コロナウイルスの感染拡大防止のため、政府が2020年４月、緊急事態宣言を出し、出勤者７割減を企業などに求めたことから導入が広がった。契約書などにハンコを押す商習慣を電子契約へ切り替える動きも進む。総務省によると21年８月末時点の「通信利用動向調査」で、テレワークを導入したと答えた企業が51.9％となり、初めて５割を超えた。

　在宅勤務を減らして出社に切り替える企業が相次いでいるが、社員の勤務場所を原則として自宅とする新制度を導入したNTTなど、テレワークの拡大を打ち出す動きもある。

働き方改革関連法

2019年4月、働き方改革関連法が施行された。労働時間規制の強化や緩和、正社員と非正社員の格差是正など、様々なメニューが盛り込まれている。働く時間の長さ、休み方、健康、賃金、企業経営などに大きく影響する内容だ〔⬅69〜71ページ〕。

残業時間に罰則つき上限規制導入

労働基準法は労働時間の上限について、1日8時間、週40時間と定めている。しかし、労基法36条に基づいて、労使が合意して協定（36協定）を結べばこれを超える上限を設定でき、事実上青天井にできた。

2019年4月に施行された働き方改革関連法により、残業時間に罰則つき上限規制が導入された。原則として「月45時間、年360時間」となる。繁忙期などに臨時に超える必要がある場合でも、45時間を超えて働かせられるのは年に6カ月までで、年間上限は720時間となった。これらは休日労働を含めない場合で、含めた場合は「月100時間未満」とし、2〜6カ月の平均は「月80時間」となる。

上限を超えて働かせた企業には、6カ月以下の懲役か30万円以下の罰金が科せられる。まず大企業から導入が始まり、20年4月から中小企業への適用も始まった。

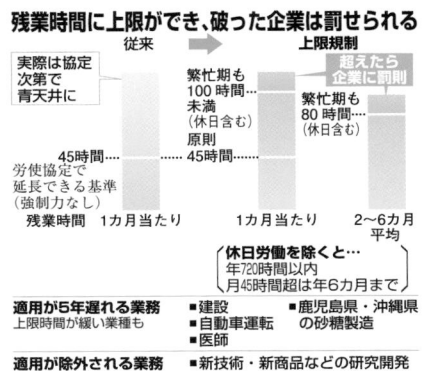

残業時間に上限ができ、破った企業は罰せられる

| 従来 | 上限規制 |

実際は協定次第で青天井に

繁忙期も100時間…未満（休日含む）原則 45時間

繁忙期も80時間…（休日含む）

超えたら企業に罰則

45時間…
労使協定で延長できる基準（強制力なし）

残業時間 1カ月当たり　　1カ月当たり　　2〜6カ月平均

休日労働を除くと…
年720時間以内
月45時間超は年6カ月まで

| 適用が5年遅れる業務 上限時間が緩い業種も | ■建設 ■自動車運転 ■医師 | ■鹿児島県・沖縄県の砂糖製造 |
| 適用が除外される業務 | ■新技術・新商品などの研究開発 | |

医療・福祉、労働、教育

高度プロフェッショナル制度

　年収が高い一部の専門職について、労働時間規制の対象から完全に外す制度。働き方改革関連法の成立により、2019年4月に導入された。

　適用される人は、残業時間や休日・深夜の割増賃金といった規定から外れる。高度の専門的知識などが必要で、働いた時間の長さと仕事の成果との関連性が高くないものが対象。対象者の年収は「1075万円以上」。対象業務は「金融商品の開発、ディーリング、アナリスト、コンサルタント、研究開発」の5業務。制度に対し、「過労死を助長する」との批判が根強い。

勤務間インターバル

　仕事が終わってから次に仕事を始めるまでに一定の休息時間をおくこと。例えば、ある企業が11時間のインターバル制度を導入すると、24時まで残業をしたら翌日は11時まで働けなくなる。欧州連合（EU）諸国では勤務終了後、次の勤務が始まるまでに最低11時間の休息を労働者に保障することを義務づけている。

　働き方改革関連法の施行により、制度の導入が2019年4月から企業の努力義務となった。不眠不休で働くことを防げるため、過労死対策の「切り札」とも言われるが、21年1月時点の導入実績は4.6％。前年の調査から0.4ポイントの増加にとどまった。政府は25年までに15％以上を目標とするが、隔たりは大きい。

　また、特例で残業時間の上限規制の適用が5年間猶予されてきた運輸業界は、バス、タクシー、トラックの運転手を対象に仕事を終えてから次の始業までの休息時間を、現在の8時間から9時間に延ばすことが決まった。さらに、11時間以上を努力義務として新たに設定する。24年4月に実施される。

同一労働同一賃金

　雇用者の約４割を占めるパートや契約社員、派遣社員といった非正社員の待遇改善を図るため、正社員との不合理な待遇差の是正を企業に促すのが「同一労働同一賃金」の法改正だ。大企業は2020年４月から、中小企業は21年４月から適用された。

　正社員と非正社員はこれまでも、仕事の内容や責任の程度、転勤・異動の範囲などが

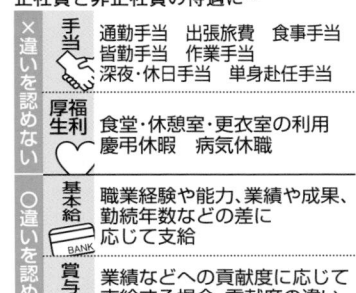

同一労働同一賃金ガイドラインの主な内容
正社員と非正社員の待遇に…

×違いを認めない　手当	通勤手当　出張旅費　食事手当　皆勤手当　作業手当　深夜・休日手当　単身赴任手当
×違いを認めない　福利厚生	食堂・休憩室・更衣室の利用　慶弔休暇　病気休職
○違いを認める　基本給	職業経験や能力、業績や成果、勤続年数などの差に応じて支給
○違いを認める　賞与	業績などへの貢献度に応じて支給する場合、貢献度の違いに応じて支給

同じなら待遇も同じにする必要があった。今回の法改正では、待遇ごとの性質や目的などに照らして不合理かどうか判断すべきだと明確にした。企業に、待遇差の内容やその理由を非正社員に説明する義務も課す。具体的にどんな待遇差を違法とするか、厚生労働省がまとめたガイドラインでは、通勤手当などの手当や、食堂の利用などの福利厚生では原則、待遇差を認めていない。一方、基本給や賞与は、経験や能力の差などに応じて違いを認めている。

年休消化義務

　仕事を休んでも賃金が支払われる年次有給休暇（年休）。2019年４月から、年10日以上与えられている従業員に対して、企業が最低５日以上消化させることが義務づけられた。達成できないと、働き手１人あたり最大30万円の罰金が科せられることになる。厚生労働省の調査によると、20年に与えられた年休（繰り越し分除く）は平均17.9日に対して、取得できたのは10.1日で、消化率は56.6％にとどまる。

男女の賃金格差、公開を義務化

2022年7月、男女の賃金格差の公開が企業に義務づけられた。開示を義務づける対象は、常時雇用する労働者が301人以上の企業。全社員における男女の賃金格差に加え、正社員・非正規社員

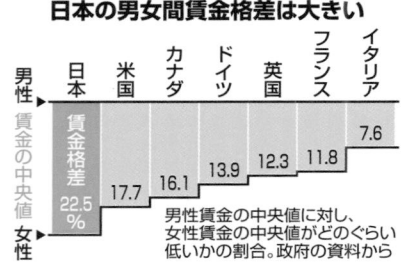

日本の男女間賃金格差は大きい

男性賃金の中央値に対し、女性賃金の中央値がどのぐらい低いかの割合。政府の資料から

日本	米国	カナダ	ドイツ	英国	フランス	イタリア
22.5%	17.7	16.1	13.9	12.3	11.8	7.6

それぞれにおける賃金格差も開示を求める。101〜300人の企業については、今後、検討する。

経済協力開発機構（OECD）の調べでは、日本の女性の賃金は中央値で見て男性の77.5%。調査した43カ国・地域の平均は88.4%だった。日本の格差が大きい背景には、女性は低賃金の非正規雇用が多い▷賃金が高い管理職に占める比率が低い▷出産などでいったん退職した人は勤続年数が短く賃金が上がりづらい、といったことがあるとされる。

最低賃金

会社が労働者に支払わなければならない最低限の賃金のこと。最低賃金法に基づいて、都道府県ごとに時給を定めており、毎秋に改定される。パートやアルバイトを含むすべての労働者に原則適用される。

2022年度の引き上げ幅は30〜33円で、全国加重平均は前年度比31円増の961円となった。改定後の最高額は東京都の1072円。最低額は東北、四国、九州、沖縄の計10県で853円。差は219円で、2円縮まった。地方の引き上げ幅が都市部を上回ったため、地域格差はわずかながら縮小した。

2022年春闘

　労働組合の中央組織・連合の2022年春季生活闘争（春闘）の最終集計結果（22年７月発表）によると、ベースアップ（ベア）と定期昇給（定昇）を合わせた平均賃上げ率は前年

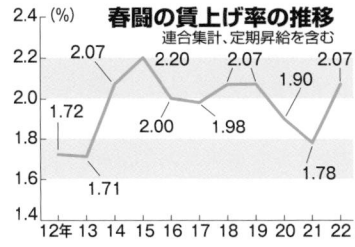

比0.29ポイント増の2.07％となった。３年ぶりに２％台となり、コロナ禍前の19年（2.07％）以来の水準となった。平均賃上げ額は824円増の6004円。

　大企業（組合員300人以上）は前年比0.30ポイント増の2.09％（6183円）。電機や自動車の大手では、好業績の企業を中心に労使の要求通りの満額回答が相次いだ。中小企業（同300人未満）は、同0.23ポイント増の1.96％（4843円）だった。

　連合は22年の春闘の獲得目標を、ベアと定昇の合計で４％程度の賃上げをめざしていた。

関連用語（ 春闘、定昇、ベア ）

　春闘とは、労働組合が毎年春、労働条件の引き上げを求めて行う統一行動。一斉に底上げを要求することで、企業ごとの交渉の限界を補える。1956年、総評（現在は連合に合流）の指導で官民290万人の統一闘争をしたのが発端といわれる。

　定昇とは、定期昇給のこと。賃金表に基づき、年齢や勤続年数に応じて、毎年自動的に賃金を増やす仕組み。中小企業だと定昇がない場合がある。大企業にはあるが、不況下での労働コストの抑制を狙って成果主義賃金を導入したり、定昇額を圧縮・凍結したりするなどの動きがあった。

　ベアとは、ベースアップ。賃金表を書き換え、賃金全体を底上げすること。物価上昇による賃金の目減りを補う役割が強いため、物価が下がるデフレの時代には、会社側のベアゼロ回答や、組合がベア要求そのものを控える動きが出た。

ジョブ型雇用

ジョブ型雇用とは、会社が職務（ジョブ）と賃金を定め、それに見合う技能を持つ人を雇用すること。海外では一般的な制度で、社員は原則その職務以外はせず、年齢が上がっても賃金は増えない。経営環境が変わり、その職務がなくなれば解雇されることもある。

ジョブ型とメンバーシップ型

	ジョブ型	メンバーシップ型 （日本型雇用）
採用	●仕事を特定する ●欠員募集	●仕事を特定しない ●新卒一括
教育訓練	社外で能力をあらかじめ身につける	社内で未経験者を育てる
異動	希望する限り同じ仕事を続ける	様々な仕事を経験する
賃金	仕事によって決まる	勤続年数や年齢が基準
労働組合	職業別や産業別	企業別

日本で一般的なのはメンバーシップ型雇用で、年功序列や終身雇用を前提に、いろいろな仕事をさせて育成する。グローバル化や技術革新など、経営環境が変わる中、ジョブ型を取り入れる動きがある。ただ、中高年社員らにとっては賃下げや、雇用の安定性が揺らぐ可能性もある。

ギグワーカー

ネット上のプラットフォーマーを介して、単発の仕事を請け負う人のこと。飲食宅配サービスの配達員が典型で、好きなタイミングで働いて収入を得られるとして注目されている。

一方で、労働者としての権利が認められず、負担の重さや、収入の不安定さが問題になっている。欧州連合（EU）の行政府にあたる欧州委員会は、社員と同等の扱いを受けられるようにする法案を発表した。日本でも契約をめぐるトラブルが起きており、公正取引委員会や厚生労働省などがガイドラインをまとめ、取引では独占禁止法や下請法が適用されることを示した。岸田内閣は新法を作る方針も打ち出している。

雇用保険料の引き上げ

　仕事を失った人に失業給付金を出したり、雇用を守る会社を支えたりする雇用保険の保険料を引き上げる改正雇用保険法が2022年3月、成立した。0.9%だった保険料率は4月に0.95%へ、10月に1.35%に引き上げられた。

　引き上げはコロナ下での支出増への対応だ。雇用対策として企業などに助成する雇用調整助成金（雇調金）の支出で悪化した保険財政を、保険料の引き上げで改善させる。また、コロナ下の時限的な措置として、計3.3兆円の税金が投入されているが、法改正で常設の仕組みとした。

　ただ、企業と働き手が有事への備えを分担する雇用保険の原則がなし崩しになる懸念が強まる。税金は国民が払うが、恩恵は保険加入者にしか及ばないことから、批判の声もある。

技能実習制度

　日本で技術を学び、母国の発展に生かしてもらう目的で、1993年に始まった。食品製造や機械・金属、建設など86職種が対象。期間は最長5年で、転職は原則として認められていない。2019年末には約41万人の実習生がいたが、コロナ禍で減少し、21年末時点では約28万人。

　しかし、本来は「実習」のはずだが、現実には少子高齢化で人手不足が進む地方で現場を支える働き手としての側面が強まっている。また、不当に高額な借金を背負って来日するケースや、転職できないため、実習先で不当な扱いを受けても相談できないなどの問題点が指摘されている。実習先から失踪してしまうケースも多い。

　国際的にも批判の声が出ており、古川禎久法相（当時）は22年7月、本格的な見直しに向けた考え方を示した。

GIGA スクール構想

　全国の小中学生に「1人1台」のパソコンやタブレット端末など学習用コンピューターを配備する計画。人工知能（AI、●97ページ）技術の浸透などで情報やデータを扱う力が大切になる中、地域や学校による端末整備やネット環境の差を縮めることが狙いだ。GIGA は、Global and Innovation Gateway for All（すべての人にグローバルで革新的な入り口を）の略。

　計画開始前の2019年3月時点での学習用コンピューター1台あたりの児童生徒数は、全国平均で5.4人。当初は4年かけて進める計画だったが、コロナ禍で学校の休校が長引く中、オンライン授業の環境整備のため目標の前倒しを決め、20年度末までに、ほとんどの小中学校で「1人1台」配備された。

　活用法は様々だ。授業では、ネットからの情報収集や、意見の共有、写真・動画撮影のほか、デジタル教科書・教材も使える。他校や地域の人、企業などとつなぐ交流授業にも活用されている。コロナ禍では、家庭に持ち帰ることで登校できない児童生徒への学習保障に使っている例もある。

　一方、目など健康への影響や学習の定着度を疑う声があるほか、活用する学校としない学校、教員の力の差も広がっている。配布した端末の更新費をどこが負担するかも課題だ。

関連用語 **デジタル教科書**

　紙の教科書の内容をデジタル化したもの。児童生徒が使う学習者用は、法改正で19年度から紙に代えて使えるようになり、文字の拡大・縮小、ルビ、音声読み上げなど、デジタルならではの機能がある。

　国は24年度からの本格導入をめざしており、22年度は実証事業として全小中学校に外国語（英語）で配布した。デジタル教科書や教材から流れる朗読音声などを使うことがどれくらい有効かをみる。健康への懸念や学習定着度に疑問の声もある。

教員免許更新制の廃止

　教育職員免許法と教育公務員特例法の改正法が2022年５月に成立し、教員免許更新制は７月１日で廃止された。

　更新制は、教員の資質確保を目的に09年度に開始。無期限だった幼稚園や小中高校などの教員免許に10年の期限を設け、期限切れ前に更新講習を受けなければ失効する仕組みだった。しかし、夏休みなどに受ける講習は多忙化する教員に不評で、定年退職前の早期退職など、教員不足の一因とも指摘された。更新を忘れる「うっかり失効」も相次いでいた。

　廃止に伴い、免許の有効期限や更新講習がなくなる。一方、教員ごとに研修記録を義務づける新たな制度が始まる。

教科担任制

　小学５、６年生の一部の教科を専門の教員らが教える教科担任制が、国の施策として2022年４月から外国語（英語）と理科、算数、体育の４教科で、本格的に始まった。

　５、６年生で専門性が高くなる算数や理科は授業準備などで負担が大きく、英語も含めて専門の教員が教えることで授業の質を上げる。体育は、定年後も働く教員が増えていることから、体力面も考慮した。

　受け持つ授業を減らすことで、教員の「働き方改革」を進める意味もある。教科担任制は、これまで各都道府県教育委員会などの裁量で実施し、小学６年生では音楽は55％、理科は47％で導入されていた（18年度）。教科担任制のため、国は22年度予算で教員950人を増員する。４教科で、専門の教員が週１コマ程度いずれかを教える計算だ。25年度までに計3800人を増やす計画で、実現すれば週3.5コマに増える。ただ、実際は自治体や学校によって異なる。

教員不足

　教員不足が深刻化している。文部科学省が実態把握のため、各都道府県と政令指定市の計67教育委員会などにたずねたところ、2021年5月1日時点で、全国の公立小中高・特別支援学校で計2065人が足りないことがわかった。また、4.8％にあたる1591校で、教員の不足が出ていた。

　小学校は全体の4.2％にあたる794校で979人が不足。このうち学級担任は367校で474人が足りず、代わりに少人数教育の目的で配置された教員や、校長・副校長・教頭、教務主任らが担任を受け持っていた。中学校では6.0％の556校で722人が不足。教科担任が足りず、必要な授業ができない学校が16校あった。

　原因は、ベテランの大量退職の後に若手が増え、産休などの取得者が増えたことがある。また、教員採用試験が低倍率で合格しやすくなり、主に不合格者が担ってきた非正規の代替教員が少なくなったこともある。

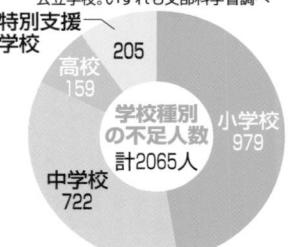

2021年5月の教員不足の状況
公立学校。いずれも文部科学省調べ

特別支援学校 205
高校 159
中学校 722
小学校 979
学校種別の不足人数 計2065人

関連用語　**小学校教員採用倍率、3年連続過去最低に**

　2021年度に採用された公立小学校教員の採用倍率は、全国平均で前年度より0.1ポイント低い2.6倍となり、3年連続で過去最低となった。文部科学省によると、21年度に採用された小学校教員1万6440人に対し、受験者は4万3448人だった。中学校は4.4倍で、過去2番目の低さ。高校は0.5ポイント上昇し、6.6倍だった。

　ここ数年、教員の大量退職期が続いて採用が増えた一方、労働環境の厳しさを嫌って受験者が減っていることが、倍率低下の要因だ。なり手不足が教員の質の低下につながることが懸念されている。

10兆円規模の大学ファンド創設

世界トップレベルの研究力をめざす大学を10兆円規模の大学ファンド（基金）で支援する国際卓越研究大学法が2022年5月、成立した。

大学ファンドは岸田政権が掲げる「新しい資本主義」〔●49ジー〕の大きな柱。財政投融資を主な原資にした基金を株式や債券で運用し、その利益から年3千億円を上限に配る。支援を受ける「国際卓越研究大学」は公募する。国公私立いずれの大学も応募で

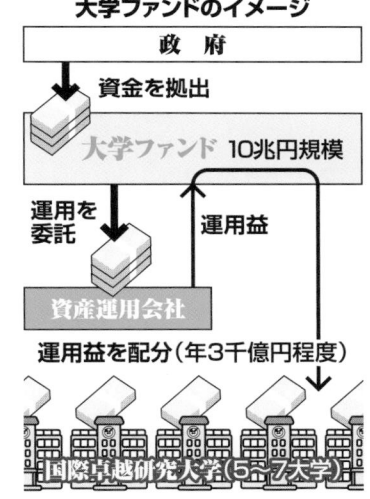

大学ファンドのイメージ

政　府

↓ 資金を拠出

大学ファンド　10兆円規模

運用を委託　／　運用益

資産運用会社

運用益を配分（年3千億円程度）

国際卓越研究大学（5〜7大学）

医療・福祉、労働、教育

き、最大で5〜7大学に年数百億円ずつを配る。認定には、国際的に優れた研究成果の創出や、年3％の事業成長、経営と研究を分離したガバナンス改革が条件。支援が始まるのは24年度からになる。

官製ファンドの創設は、低迷する日本の大学の国際競争力の復活が狙い。独自の基金を充実させ研究力を飛躍的に伸ばした米英のトップ大学がモデルだ。大学への民間投資を呼び込み、人工知能（AI）や量子といった最先端技術の実用化を促す狙いもある〔●96、97ジー〕。

ただ、国会審議では、年3％成長の条件について「産業応用に結びつく研究が重視され、基礎研究がおろそかになる」「授業料の値上げの恐れもある」などの指摘が出た。大学教職員らからも反対の声が出た。

医療・福祉、労働、教育

☑ チェックドリル

Question	Answer
□1 パンデミックは日本語でどういう意味か。	1 世界的大流行
□2 政府が2022年6月に創設を決めた、内閣官房に常設する感染症対策の司令塔となる組織を何というか。	2 内閣感染症危機管理統括庁
□3 京都大学の山中伸弥教授らが2007年にヒトでの作製に成功した、様々な細胞や組織になりうる能力を持つ細胞を何というか。	3 iPS 細胞
□4 スマートフォンやタブレット端末などを使って、医師が患者と対面せずに行う診察を何というか。	4 オンライン診療
□5 感染者が相次いで確認され、世界保健機関（WHO）が2022年7月に「国際的に懸念される公衆衛生上の緊急事態」を宣言した感染症は何か。	5 サル痘
□6 2021年に国内で人口10万人あたりの新規患者数を示す罹患率が10人を下回り、WHOの分類で「低蔓延国」となった感染症を何というか。	6 結核
□7 年収が高い一部の専門職について、労働時間規制の対象から外す制度を何というか。	7 高度プロフェッショナル制度

Question	Answer
□**8** 仕事が終わってから次に仕事を始めるまでに一定の休息時間をおくことを何というか。	8 勤務間インターバル
□**9** 2022年7月から、一定規模以上の企業に公開が義務づけられたのは、男女間の何に関する格差か。	9 賃金
□**10** 会社が職務と賃金を定め、それに見合う技能を持つ人を雇用することを何というか。	10 ジョブ型雇用
□**11** ネット上のプラットフォーマーを介して、単発の仕事を請け負う人のことを何と呼ぶか。	11 ギグワーカー
□**12** 日本で技術を学び、母国の発展に生かしてもらう目的で1993年に始まったが、国際的な批判などから見直しが検討されている制度は何か。	12 技能実習制度
□**13** 教員の資質確保を目的に2009年度に始まったが、教員の多忙化や教員不足の一因とも指摘されて22年7月に廃止された制度は何か。	13 教員免許更新制
□**14** 全国の小中学生に「1人1台」のパソコンやタブレット端末など学習用コンピューターを配備する計画を何というか。	14 GIGAスクール構想

環境・国土・交通

パリ協定

　2020年以降の新たな温暖化対策の枠組み。15年12月にパリで開かれた国連気候変動枠組み条約第21回締約国会議（COP21）で採択され、16年11月に発効した。

　1997年に採択された京都議定書では先進国にだけ温室効果ガスの削減を義務づけたが、パリ協定ではすべての国が削減に取り組む義務を負う。

　温暖化による危機的な影響を防ぐため、産業革命前からの気温上昇を2度よりかなり低く、できれば1.5度に抑えることが目標。そのために今世紀後半に世界全体で温室効果ガスの排出を「実質ゼロ」にすることをうたう。各国は温室効果ガス削減目標などの対策を練り、5年ごとに見直す。

　菅義偉首相（当時）は20年10月、50年に温室効果ガスの排出を「実質ゼロ」にすると宣言。21年4月には、30年度に13年度比で「46％削減」にする中間目標を打ち出し、従来の「26％削減」から7割以上引き上げた。ただ、従来目標に対して19年度時点で14％減にとどまっており、削減ペースを急激に上げる必要がある。

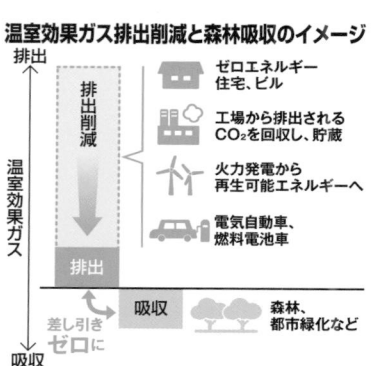

温室効果ガス排出削減と森林吸収のイメージ

関連用語　「実質ゼロ」

　大量の二酸化炭素（CO2）を出す火力発電を減らして太陽光や風力などの再生可能エネルギーを増やしたり、省エネの徹底やガソリン車から電気自動車や燃料電池車への転換〔●56ジー〕を進めたりして排出を減らす。それでも足りない分は、植物などが吸収する分を差し引いて収支で「ゼロ」になるようにすること。

82

再生可能エネルギー

太陽光や風力、水力、地熱などの自然の力や、動物の排泄物や枯れ葉などの生物資源（バイオマス）を生かした新しいエネルギー。石油など化石燃料のような資源の枯渇がないことや、環境対策、福島第一原発事故後の「脱原発」の世論の高まりを受け、注目度が高まっている。

発電事業者が大手電力会社に長期間、比較的高い固定価格で電気を買い取ってもらえるFIT制度もあり、総電力量に占める再生可能エネルギーの発電割合は、2010年度の9.5%から20年度には19.8%と、ほぼ倍増した。

カーボンプライシング

「炭素の価格化」のことで、二酸化炭素（CO_2）などの温室効果ガスに値段をつけること。排出に費用がかかるようにして削減をめざす。代表的なものとして、排出量に応じて課税する炭素税や、排出量に上限を設けて過不足分を取引させる排出量取引、環境対策が緩い国からの輸入品に事実上の税を課す国境炭素税などがある。

脱炭素へ向けた取り組みが求められる中、政府による強制的な制度もあり、欧州では炭素税や排出量取引が導入されている。また、国境炭素税も2026年から本格導入される。

日本でも、23年度から脱炭素に積極的な企業が集まり、「日本版排出量取引」が始まる。東京電力などの大手電力のほか、排出量の多い鉄鋼や化学メーカー、金融機関や情報通信、総合商社など、幅広い業種の440社が参加を表明しており、そのCO_2排出量は日本全体の28%を占める。

一方、炭素税は、経済産業省や産業界が消極的で議論の段階が続く。

プラスチックごみの海洋汚染

適切に処理されずに自然界に捨てられたプラスチックごみが、国際的な課題となっている。レジ袋やペットボトルなどのプラごみが紫外線などで劣化して細かく砕けて、雨水にまじって川から海へ流れ込む。回収が難しく、分解もされないため、海にたまる一方となっており、魚や鳥の体内から確認されている。食物連鎖で人間を含む多くの動物に悪影響を及ぼす恐れが指摘されている。

1年間に海に流れ込む量は少なくとも年800万ｔにのぼり、2050年には海中のプラスチックが世界中の魚の総重量を超えると予測される。

広がるプラスチック汚染

プラスチックの容器、製品

海へ

年間800万t以上のプラスチックごみが海へ流入している

紫外線で劣化、波で細かく砕け、マイクロプラスチックに

世界各地の研究で魚介類や塩などからマイクロプラスチック検出

⚠ **2050年までに海のプラごみの総重量が、魚を上回る恐れ**

2016年の世界経済フォーラム（ダボス会議）報告書から

関連用語 （ **プラスチック資源循環促進法施行** ）

プラスチック製の使い捨てスプーンやストローなどの削減やリサイクルを促す新法「プラスチック資源循環促進法」が、2022年4月に施行された。無料で配っているコンビニや飲食店などに対し、有料化や代替素材への切り替えなどを義務づける。対象は、クリーニング店のプラ製ハンガーや、ホテル客室の歯ブラシなど、12品目。環境省によると、レジ袋のように有料化を義務づけるものではないため、有料化するのは一部に限られ、軽量化や素材変更で対応する業者が多いという。国内で排出されるプラごみ年間約900万ｔのうち、使い捨てスプーンやストローなどのプラ製品は約10万ｔにのぼる。

首都直下地震の被害想定見直し

東京都は2022年5月、首都直下地震が起きた場合の都内の被害想定を発表した。

23区南部を震源とするマグニチュード（M）7.3の地震を想定。湾岸や河川に近い地域は震度7に達するとみられる。空気が乾燥し、火を使う器具の利用が多い冬の午後6時（風速毎秒8m）に地震が起きた場合、火災や倒壊による建物被害が約19万4400棟、死者約6200人などと予測する。

見直しは10年ぶり。東京湾北部地震（M7.3）を想定した前回より、建物被害は約11万棟（36％）、死者数は約3500人（36％）それぞれ減った。また、帰宅困難者が約453万人、避難者数が約299万人にのぼると予測する。在宅勤務の広がりなどを受けて前回より帰宅困難者、避難者数ともに約12％減ったものの、依然として甚大な影響が生じるとみられる。

首都直下地震の最大被害想定

東京都発表	2012年	今回
想定した地震	東京湾 北部地震	都心南部直下 地震(冬・夕方)
建物被害	30万4300棟	▶19万4431棟
揺れなど	11万6224棟	▶ 8万2199棟
火災	18万8076棟	▶11万2232棟
死者	9641人	▶ 6148人
負傷者	14万7611人	▶ 9万3435人
避難者	約339万人	▶ 約299万人
帰宅困難者	約517万人	▶ 約453万人

関連用語　**南海トラフ地震**

静岡県の駿河湾から九州東方沖まで約700kmにわたって続く、深さ約4千mの海底のくぼみ「南海トラフ」で想定される地震。マグニチュード（M）8前後の地震が、約100〜150年間隔で繰り返されている。政府の中央防災会議が2019年5月に発表した最大想定死者・行方不明者数は約23万1千人、全壊や焼失する最大想定建物数は約209万4千棟。建物倒壊による復旧費など直接的な経済被害額は約171兆6千億円。

福島第一原発処理水の海洋放出

政府は2021年４月、東京電力福島第一原発の処理水を海洋放出する処分方針を決めた。方針が決まるのは事故後10年で初めて。

東電の放出計画が22年７月に原子力規制委員会に認可され、23年春から放出が始まる見通しだ。多核種除去設備（ALPS）では除去できない放射性物質「トリチウム」の濃度を海水で希釈して法定基準の40分の１未満にし、約１kmの海底トンネルを通して沖合に放出する。

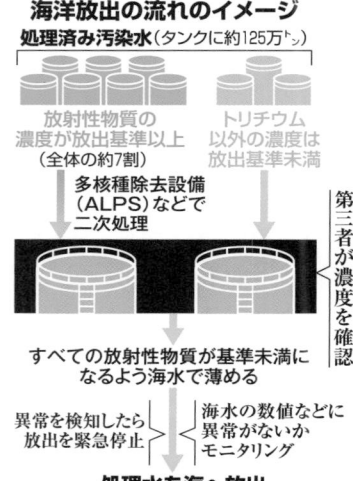

海洋放出の流れのイメージ

処理済み汚染水（タンクに約125万トン）

放射性物質の濃度が放出基準以上（全体の約7割）

トリチウム以外の濃度は放出基準未満

多核種除去設備（ALPS）などで二次処理

第三者が濃度を確認

すべての放射性物質が基準未満になるよう海水で薄める

異常を検知したら放出を緊急停止 ＜ 海水の数値などに異常がないかモニタリング

処理水を海へ放出

※処理済み汚染水の量は、海洋放出決定時点のもの

福島第一原発では、事故で溶け落ちた核燃料（燃料デブリ）を水で冷やし続けており、高濃度の放射性物質を含む水に、建屋に流入した地下水などが加わり、汚染水が増え続けている。くみ上げた汚染水は、ほとんどの放射性物質を取り除けるALPSで処理済み汚染水にし、タンクで保管している。しかし、満杯が近づいているとして、タンク内の水の処分方法が検討されてきた。

ただ、処理水の海洋放出が始まったとしても、１日の放出量には限りがある。福島第一原発のタンクが空になるには、少なくとも30年ほどかかると見込まれる。今後の汚染水の増加量などによって、国や東電が2041〜51年とする「廃炉」完了の見通しより長くなる可能性もある。

線状降水帯

暖かく湿った空気が断続的に流れ込み、上昇気流によって複数の積乱雲が一列に並ぶ「バックビルディング現象」が起きて雨が降り続く降水域。通常の積乱雲は直径が約10kmで、１時間ほどで消えるが、線状降水帯は幅

バックビルディング現象のイメージ

❶ 上空に寒気（北西から）
❸ 渦状の上昇気流が発生
生まれた積乱雲が偏西風で次々と東へ
❹
❷ 湿った暖気（南から）

20〜30km、長さ50〜100kmの範囲で積乱雲が繰り返し発生し、数時間は激しい雨が続く。台風を除き、国内の集中豪雨の約３分の２は線状降水帯が原因とされる。

　気象庁は2022年６月から、早めの避難準備をしてもらうことを狙いに、線状降水帯の予測情報の発表を始めた。

熱中症警戒アラート

　熱中症への注意を呼びかける警報。2021年４月から全国で運用が始まった。気温や湿度、地面や建物などから出る輻射熱から算出する「暑さ指数」（WBGT）が33度以上と予想された場合に、前日の午後５時と当日の午前５時の２回、全国を58地域に分けた気象庁の予報区ごとに発表する。

　全国の熱中症による死者数は18年以降、年間700〜１千人超で推移しており、高齢者が８割を占める。予防策を促すことで、発症の被害を減らすのが狙い。これまで気象庁が、最高気温がおおむね35度以上の予想で高温注意情報を発表してきた。しかし、最近の研究で、暑さ指数を用いたほうが熱中症の救急搬送者数を的確に予測できるようになったという。

福岡高裁、諫早湾開門命令「無効」判決

　国営諫早湾干拓事業は、農地の確保と洪水被害の防止を目的に、潮受け堤防排水門で湾を閉め切り、干拓地と淡水の調整池を設けた。総事業費は2533億円で、1989年に着工し、97年に排水門が閉め切られ、2008年に営農が始まった。

　漁業者は閉め切りで漁業が不振になったとして開門調査を要求。干拓地の営農者は、開門すると農地に塩害が出るなどとして開門に反対し、開門をめぐってそれぞれ国との訴訟になった。一連の訴訟では10年12月、漁業者の請求を認めて開門を命じる判決が確定する一方、開門に反対する営農者らが起こした別の訴訟では、開門を禁じる判決や決定が出た。

　司法の判断がねじれたため、国は開門を命じた確定判決の効力を失わせる「無力化」を求める訴訟を提起した。差し戻し審で福岡高裁は22年3月、事実上「開門しない」とする判断を示した。漁業者側は上告し、最終的な判断は最高裁に委ねられる。「無力化」訴訟では、18年に福岡高裁が国側勝訴としたが、19年に最高裁が差し戻していた。

スペースジェット

　三菱重工業の子会社・三菱航空機が開発を進める国産初のジェット旅客機。「MRJ＝ミツビシ・リージョナル・ジェット」の名称だったが、「リージョナル」に「地域の」という意味があり、客席が狭いイメージがあるとの指摘もあったため、「広々とした」という英語「スペーシャス」にちなんだ名に変えた。

　しかし、2008年に始めた開発は難航し、初号機の納入は計6度延期。さらにコロナ禍で航空需要が低迷したため、20年秋に開発の中断を発表。事業再開の見通しは立っていない。

自動運転「レベル4」解禁へ

　特定の条件下でシステムがすべて運転操作を行う自動運転の「レベル4」を解禁する改正道路交通法が2022年4月、成立した。22年度中にも施行される。

　改正法は、過疎地など、公道の決まった経路を無人のバス型車両が遠隔監視で走る無人自動運転移動サービスの実用化に向けた対応だ。車両に運転者がいない自動運転を特定自動運行と定義し、都道府県公安委員会による許可制とした。遠隔で監視する特定自動運行主任者は事故時の救護など、運転者と同様の義務を負う。

　政府は22年度に無人移動サービスを開始し、その後各地で実用化を進める計画だ。地域の高齢者らを運ぶ巡回サービスなどが見込まれる。25年度ごろには、高速道路でのトラックの物流サービスや自家用車のレベル4の走行の実現をめざしている。

自動運転のレベル

0	運転者が常に運転
1	システムがハンドル操作か加減速を補助
2	システムがハンドル操作と加減速を補助
3	特定の条件下でシステムが運転。システムの要請時に運転者が操作
4	特定の条件下でシステムが運転
5	システムが常に運転

関連用語 （電動キックボード）

　前後に車輪がある板の上に立ち、ハンドルで操作する電動キックボードの新たな交通ルールを定めた改正道路交通法が2022年4月に成立した。2年以内に施行される。

　改正法は、最高時速20km以下で自転車相当の大きさの電動キックボードを「特定小型原動機付自転車」と位置づけた。免許は不要で、ヘルメットの着用は努力義務。16歳未満は運転できない。気軽に乗れるようになる一方、衝突事故が相次いでおり、安全性を危ぶむ声もある。

赤字ローカル線、国が見直しを提言

　国土交通省の有識者会議は2022年7月、赤字が続く鉄道の地方路線の見直しについて、1kmあたりの1日平均乗客数（輸送密度）が1千人未満などの条件を満たす区間で、バスへの転換などを含めた協議ができるとする提言をまとめた。

　協議に入る基準は輸送密度のほかに、対象となる路線が複数の都道府県や経済圏にまたがり、広い範囲での調整が必要な場合など。廃線前提の協議にはしない。地方路線の見直し方法としては、バス高速輸送システム（BRT）への転換や、設備を自治体が保有し、鉄道会社が運行を請け負う上下分離方式の導入などが想定される。

　国の会議が見直しの具体的な条件を示すのは国鉄民営化後では初めて。地方の人口減や自動車の普及などでJR各社は多くの赤字ローカル線を抱える。コロナ禍で都市部の乗客も減り、経営は厳しい。鉄道会社側としては不採算路線のバス転換などを進めていきたい考えだが、存続を求める自治体側の反発は根強く、これまでは協議することも難しかった。

東北新幹線が脱線

　2022年3月16日に宮城、福島両県で最大震度6強を観測した地震で、東北新幹線のやまびこ223号が白石蔵王駅（宮城県白石市）から南西に約2kmの付近で脱線した。横転などはしなかったものの、17両のうち16両がレールから外れた。営業運転中の新幹線の脱線は04年の新潟県中越地震で起きた上越新幹線に続き2件目。車内には乗客・乗務員78人がおり、5人がけがをしたという。

　国土交通省は5月、有識者による新幹線の地震対策の検証委員会を設置。JR各社に耐震補強工事の前倒しを促す考えだ。

リニア中央新幹線

　JR東海が計画しているリニアモーターカー。超電導磁石で車体を浮かせて走る。最高時速505kmで、開通すると東京・品川－名古屋間は40分、品川－新大阪間は67分でつながる。

　2027年の品川－名古屋間の開業へ向けて、JR東海は14年に建設を始めた。しかし、南アルプスを貫く約9kmのトンネルをめぐり、JR東海と静岡県が対立。大井川の水量が減るとして環境への悪影響を心配する静岡県が工事を認めていない。27年の開業は絶望的とみられ、開業の時期は見通せない状態になっている。

西九州新幹線開業

　九州新幹線西九州ルート（西九州新幹線）が2022年9月、武雄温泉－長崎間で開業した。開業区間は全長約66kmで駅数は5駅。武雄温泉駅で、新幹線と在来線特急を乗り換える「リレー方式」で運行する。博多－長崎間は最速1時間20分で結ばれ、従来から30分ほど短縮された。

　一方、新鳥栖－武雄温泉間の整備方式については決まっていない。長崎県やJR九州は、新鳥栖－武雄温泉間も、先行開通区間と同じフル規格（線路幅1435mm）での整備を主張。佐賀県は財政負担の割に時間短縮効果が薄いなどとして反対しており、協議は膠着状態が続いている。

西九州新幹線

環境・国土・交通

☑ チェックドリル

Question	Answer

Question

□**1** 2020年以降の温暖化対策の国際枠組みを何というか。

□**2** 政府は2021年4月に、30年度の温室効果ガスの新たな削減目標を表明した。13年度比で何%削減する方針か。

□**3** 太陽光や風力、水力などの自然の力や生物資源を使ったエネルギーは何と呼ばれるか。

□**4** ③で発電した電気を大手電力会社に長期間、固定価格で買い取ってもらえる制度を何というか。

□**5** 二酸化炭素（CO_2）などの温室効果ガスに値段をつけることを何というか。

□**6** 欧州連合（EU）が2026年から本格導入する、環境対策が緩い国からの輸入品に課す事実上の税を何というか。

□**7** 2022年4月に施行された、プラスチック製の使い捨てスプーンやストローなどの削減やリサイクルを促す法律を何というか。

Answer

1 パリ協定

2 46%

3 再生可能エネルギー

4 FIT制度

5 カーボンプライシング

6 国境炭素税

7 プラスチック資源循環促進法

Question	Answer
□8 東京都が2022年5月に、建物被害約19万4400棟、死者約6200人などとする被害想定を発表した地震を何というか。	8 首都直下地震
□9 静岡県の駿河湾から九州東方沖まで約700kmにわたって続く、深さ約4千mの海底のくぼみを何というか。	9 南海トラフ
□10 積乱雲が次々と発生して帯状に並び、大雨をもたらす降水域を何というか。	10 線状降水帯
□11 暑さ指数が33度以上と予想された場合に、気象庁と環境省が発表する警報を何というか。	11 熱中症警戒アラート
□12 三菱重工業の子会社・三菱航空機が開発を進めていたが、コロナ禍の航空需要の低迷で、開発が中断しているジェット旅客機を何というか。	12 スペースジェット
□13 特定の条件下でシステムがすべて運転操作を行う自動運転のレベルはいくつか。	13 レベル4
□14 前後に車輪がある板の上に立ち、ハンドルで操作する電動キックボードの交通ルールを定めた法律は何か。	14 道路交通法
□15 2022年9月に武雄温泉 – 長崎間で開業した九州新幹線西九州ルートを何というか。	15 西九州新幹線

リュウグウの砂からアミノ酸

探査機はやぶさ2が小惑星リュウグウから地球に持ち帰った砂から、たんぱく質の材料で生命の源につながるアミノ酸が見つかったことが2022年6月、明らかになった。

地球外で多様なアミノ酸がまとまって見つかったのは初めてで、23種類のアミノ酸が確認されたという。イソロイシンやバリン、スレオニンなどのほか、うまみ成分のグルタミン酸や、コラーゲンの材料になるグリシンもあった。

こうしたアミノ酸はもともと、46億年前に誕生したばかりの地球にもたくさんあったという見方がある。しかし、地球がマグマに覆われた時期に、いったん失われてしまった。その後、地球が冷えてから飛来した隕石がアミノ酸を改めてもたらしたとする仮説があり、今回の結果はその仮説を補強する結果となりそうだ。

これまで、地上で見つかった隕石からもアミノ酸が検出されたが、飛来後に地球にあったアミノ酸が混入した可能性が否定できなかった。今回実際にアミノ酸が確認されたことで、リュウグウができた当時、すでに太陽系の天体にアミノ酸が広く存在した可能性が高まったといえる。

日米など世界中の研究機関が砂の分析を進めており、今後も生命の起源に迫る報告が続きそうだ。

関連用語　はやぶさ2

小惑星イトカワの試料を持ち帰った探査機はやぶさの後継機。2014年12月の打ち上げ後、18年6月に小惑星リュウグウに到着した。砂や石を採取し、20年12月に地球の重力圏へ帰還。砂や石が入ったカプセルをオーストラリアの砂漠に送り届けた。初代はやぶさはカプセル放出後に大気圏に突入して燃え尽きたが、はやぶさ2は機体と燃料に余裕があるため、別の小惑星1998KY26に向かった。到着は31年の見通し。

アルテミス計画

　米航空宇宙局（NASA）が主導する月探査計画。アポロ計画以来半世紀ぶりに有人月探査をめざす。「アルテミス」はギリシャ神話に登場する月の女神の名前。

　計画では2025年以降、宇宙飛行士を継続的に月に着陸させる。月を回る軌道に宇宙ステーション「ゲートウェー」を建設し、ここを拠点に将来は火星の有人探査もめざす。日本も計画への参加を決定しており、無人補給船「HTV-X」による物資の輸送や、生命維持装置や月面探査車などの開発を担う。

スペースX

科学・技術、情報・通信

　米国の宇宙企業。電気自動車テスラの最高経営責任者（CEO）でもあるイーロン・マスク氏〔●5ジー〕が、ネット決済「ペイパル」の前身となった会社を興して得た資金で2002年に設立した。

スペースXの宇宙船「クルードラゴン」
（模型）＝ケネディ宇宙センター

　米航空宇宙局（NASA）から委託を受けて、国際宇宙ステーション（ISS）へ無人補給船を打ち上げるなど、宇宙開発分野で実績を重ねている。主力ロケットのファルコン9は回収・再利用が可能で、低コストを実現。1回につき、当時のレートで日本のH2Aの半額ほどの打ち上げ費用と、「価格破壊」をもたらした。開発したクルードラゴンが20年に民間宇宙船として初めてISSに宇宙飛行士を運び、21年9月には民間のみによる世界初の地球周回旅行を始めた。NASAのアルテミス計画では、月面着陸機の開発企業に選ばれている。

富岳、首位陥落

2022年5月に発表された世界のスーパーコンピューターの計算速度ランキング「TOP500」で、20年以来首位に立っていた日本のスパコン「富岳」が2位に陥落した。今回、初登場の米オークリッジ国立研究所の「フロンティア」に首位を明け渡した。

富岳の計算速度は21年度と変わらず1秒間に44.2京回（京は1兆の1万倍）。米フロンティアはこの約2.5倍の110.2京回で、エクサ（100京）スケールを実現した。富岳は今回、計算速度では2位だったが、アプリを実際に動かした速さやビッグデータ解析の能力など2部門では、5連覇を果たした。

富岳は先代スパコン「京」の後継機で、京の約100倍の性能を持つ。理化学研究所と富士通が開発した。20年6月に、先代の「京」以来、日本勢として9年ぶりに首位になると、年に2回公表されるランキングで4連覇していた。

21年3月の本格稼働前から、飛沫が飛散する様子のシミュレーションなどを行い、新型コロナウイルスの感染対策に活用された。今後、短時間で集中的な豪雨をもたらす線状降水帯〔➡87ジ〕の予測に関する研究などにも使われている。

関連用語 （量子コンピューター）

現在のコンピューターは、情報を「0」か「1」の組み合わせで表現して計算している。一方、量子力学が支配するミクロの世界では「0でも1でもある」状態があり得、これを使うのが量子コンピューターだ。膨大なデータをひとまとめにでき、計算の回数が大幅に減ることから、スパコンで数千年かかる計算が一瞬で解ける問題もあるとされる。

実現すると、現在データのやりとりに広く使われている暗号通信が短時間で解読されてしまうリスクも指摘されている。量子コンピューターでも理論上「盗聴」不可能な「量子暗号通信」についても、世界各国で研究が進んでいる。

AI（人工知能）

Artificial Intelligence の略。厳密な定義はないが、記憶や学習といった人間の知的な活動をコンピューターに肩代わりさせることを目的とした研究や技術のことを指す。

現在はAI研究の第3次ブームと呼ばれる。1950〜60年代が「第1次」、80年代が「第2次」で、社会の期待する水準に当時の技術が追いつかなかったため、「ブーム」のまま終わったといわれる。第3次ブームは多くの製品に使われ、実用化が進む点で大きく異なる。スマートフォンの音声応答機能や、工場の生産ラインの制御、販売の需要や株価予測、医療診断など、様々な分野でAIの活用・研究が進んでいる。24時間働き、大量のデータを高速で処理する能力は人にはまねできないため、AIに人間の雇用が奪われることを心配する声もある。

第3次ブームを起こしたのは、コンピューターが自ら知識を得ていく「機械学習」だ。中でも、ディープラーニング（深層学習）の技術が大きく、急速に発展している。一方、ディープラーニングで答えを導き出しても、なぜそう判断したのかが見えない「ブラックボックス問題」を抱える。AI社会の到来は、社会の備えの必要性も問いかけている。

関連用語　**ディープラーニング、シンギュラリティー**

Deep Learning。深層学習。コンピューターが自ら学習して賢くなる「機械学習」の一種。大量のデータを与えることで、コンピューターがデータの特徴を見つけ出す。データを分析するためのネットワークを多層にわたって積み重ねることから「深層学習」と呼ばれる。

Singularity。技術的特異点。AI（人工知能）がすべての分野において全人類の能力を超えること。すでに計算やチェスなど特定の分野で、AIは人間を上回っている。米国の発明家レイ・カーツワイルは「2045年に起きる。人間の生活が根本的に変わる」と予測するが、実現を疑う声もある。

ゲノム編集

　遺伝子を狙った部分で切ったり、置き換えたりする技術。細胞内の遺伝子の特定の場所に結合する性質を持ったRNA分子とDNAを切断する酵素を組み合わせたCRISPR／Cas9が2012年に開発されると、使いやすさから急速に普及している。開発した米仏の2氏は、20年にノーベル化学賞を受賞した。

　放射線を照射して人為的に突然変異を起こす従来の品種改良や遺伝子組み換え技術に比べ、飛躍的に効率が良く、農作物や家畜の性質を改良する研究が進む。日本でも21年にゲノム編集で栄養成分を増やしたトマトや肉厚のマダイ、成長が早いトラフグの販売が始まった。食料生産の効率アップにつながる可能性を秘める。

　一方、遺伝子を操作した動物の安全性の問題や、生態系などへの環境影響をどう評価するかは国際的に定まっていない。遺伝子操作に対する消費者の受け止めが普及のカギを握りそうだ。

　ゲノム編集を利用してエイズやがんを治療する臨床研究も行われている。だが、ヒトへの応用を考えた場合、狙っていない遺伝子が書き換えられる危険や次世代へのリスクを残すことになる。

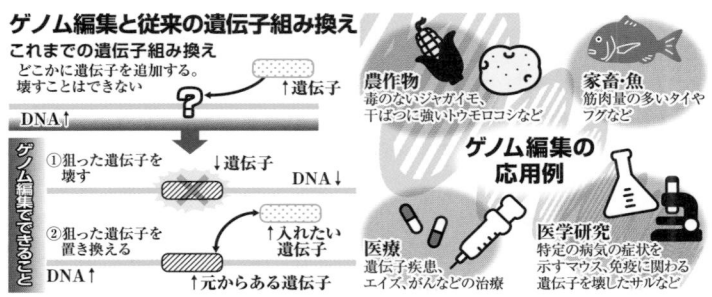

ゲノム編集と従来の遺伝子組み換え

これまでの遺伝子組み換え
どこかに遺伝子を追加する。
壊すことはできない　　　　　　↑遺伝子

DNA↑　　　？

ゲノム編集でできること
①狙った遺伝子を壊す　　↓遺伝子　　DNA↓
②狙った遺伝子を置き換える　　↑入れたい遺伝子
DNA↑　　↑元からある遺伝子

農作物
毒のないジャガイモ、
干ばつに強いトウモロコシなど

家畜・魚
筋肉量の多いタイや
フグなど

ゲノム編集の
応用例

医療
遺伝子疾患、
エイズ、がんなどの治療

医学研究
特定の病気の症状を
示すマウス、免疫に関わる
遺伝子を壊したサルなど

人新世

　人類の活動が、地層に影響を残す、新しい地質時代という意味。ノーベル化学賞を受賞したパウル・クルッツェン博士らが2000年に「Anthropocene」と名づけた。

　恐竜がさかえた中生代の「ジュラ紀」や、千葉県市原市にある地層から20年に名づけられた「チバニアン」のように時代の1区分にしようと、国際地質科学連合で候補地の調査が進む。時代の始まりとして有力なのは、核実験が繰り返され、放射能汚染の跡が地層に残る1950年代からとする案だ。候補となる地層は世界にいくつかあり、大分県の別府湾の海底にある地層もその一つだ。

主な地質時代

人新世?	
人類が地球環境を激変させる時代	
1950年代〜の案が有力	

新生代	第四紀	完新世	
		更新世	1万1700年前
			258万年前
	新第三紀		約2300万年前
	古第三紀		6600万年前
中生代	白亜紀		1億4500万年前
	ジュラ紀		約2億年前
	三畳紀		約2億5000万年前
古生代			約5億4000万年前
先カンブリア時代			46億年前(地球誕生)

太陽フレアの被害想定

　太陽の表面で起きる爆発現象「太陽フレア」などで宇宙空間に大きな変動が起きると、通信や電力網に影響が出る。

　総務省は2022年4月、太陽フレアによる被害想定を初めてまとめた。100年に1回程度の極端な現象が起きたときの被害を想定。携帯電話や防災無線などが2週間ほど昼間に断続的に使えなくなるほか、衛星の測定が止まることで、位置情報の誤差が数十メートル生じるといった影響が出るという。総務省は今回の想定をもとに、通信業界や航空業界などに被害が起きたときに備えた対策づくりを呼びかける。

GAFA

　世界を席巻する米国のIT大手4社の頭文字をつないだ造語。「G」は検索エンジンのGoogle、「A」はネット通販のAmazon、「F」はソーシャル・ネットワーキング・サービス（SNS）のFacebook（現Meta）、「A」はデジタルデバイスのApple を指す。

　GAFA などの巨大IT企業は「プラットフォーマー」と呼ばれ、検索履歴や買い物履歴、情報発信などインターネットのサービスを通じて膨大なデータを収集・分析してビジネスに利用し、圧倒的な存在感を見せる。欧米や日本では、強すぎる影響力を制御することを狙いに、個人データの保護や違法コンテンツの排除、独占的な地位の利用禁止など、規制強化の動きが出ている。

ウェブ3.0

　ウェブ3.0は、GAFA などの米IT大手が覇権を握る今のインターネットを「2.0」と位置づけ、それに代わる次世代のネットを表す概念。取引に関わる参加者が取引履歴を分散共有するブロックチェーン技術を基盤とし、特定の管理者に頼らずに取引の信頼性を担保できる。ビットコインなどの暗号資産〔●52ﾍﾟ〕や、デジタルアートなどの希少性を証明するNFT〔●111ﾍﾟ〕といった技術が知られる。

　急成長するこの分野では、国際的な競争が激しさを増している。ただ、日本では暗号資産をめぐる税制などが壁になっており、日本人でもシンガポールやドバイで起業することが多い。政府は2022年6月にまとめた「新しい資本主義」〔●49ﾍﾟ〕の実行計画に、ウェブ3.0の推進に向けた環境整備を盛り込んだ。

デジタル課税

日本など136カ国・地域は2021年10月、GAFAなどの巨大IT企業のような多国籍企業に対する「デジタル課税」制度の創設について最終合意した。創設されるデジタル課税は、対象企業の利益率10％を上回る利益の25％を売り上げに応じて各国で配分し、課税できるようにする。24年の実施をめざしている。

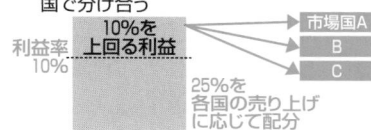

現在のルールでは、工場や事務所などの恒久的な拠点を置く国や地域で法人税を納めることが原則で、ある国の消費者や企業を相手にネット上のビジネスで利益を上げても、その国に拠点がなければ課税することは難しい。デジタル課税で課税対象となる利益は1250億ドル以上とされ、日本も新ルールでIT企業などからの税収が増えるとみられる。

最低法人税率

デジタル課税とともに、国際課税の新たなルールについても、2021年10月に最終合意した。法人税に世界共通の最低税率を設け、税率は「15％」にする。

多国籍企業が税率の低い国や地域に子会社を置き、利益に見合った課税を逃れるケースが目立っていた。新ルールは、拠点なしでサービスを展開する巨大IT企業などにも課税でき、各国の法人税率引き下げ競争に歯止めをかけることが期待される。ただ、15％は、日本やドイツの約30％、米国の約28％などとの差が大きく、効果は限定的との見方がある。

科学・技術、情報・通信

５Ｇ（第５世代移動通信方式）

次世代高速移動通信方式。ＧはGenerationの頭文字。携帯大手３社が2020年３月から、楽天も同９月からサービスを始めた。

５Ｇは、４Ｇの最大数十倍の高速通信が可能だ。大容量の２時間の映画をダウンロードするのに４Ｇでは５分かかるが、５Ｇでは３秒でできる。複数の視点でのスポーツ映像の観戦などもできる。また、通信の遅れが少なく、自動運転や遠隔医療など、スマートフォンと直接関係のない産業分野でも恩恵が行き渡ると期待される。

20年度末で人口カバー率は３割程度と、各社とも通信網は整備中で、地域・能力ともに限定的となる。利用者が５Ｇのフル機能を実感できるのは早くても23年以降になる見通し。

KDDI、大規模通信障害

携帯電話大手のKDDIで2022年７月、大規模な通信障害が発生した。

携帯電話やスマートフォンのほか、同社の回線を使う格安スマホで、音声通話やデータ通信が利用しづらくなり、降水量などを観測するアメダスのデータの一部が取得できない状態になった。金融や物流などの分野で使われているIoT（モノのインターネット、●105㌻）関連の回線に影響が出たほか、110番などの緊急通報ができない事例もあった。

全面復旧確認まで約86時間かかり、影響は最大で約3915万回線にのぼった。総務省は８月、「厳重注意」の行政指導をし、今回の障害が電気通信事業法上の「重大な事故」に該当するとした。KDDIは契約者に対し、総額で約75億円を返金すると発表した。

クエタ

　10の30乗を表すSI（国際単位系）接頭語。27乗を表す「ロナ」、10のマイナス27乗を表す「ロント」とマイナス30乗を表す「クエクト」とともに、新たな接頭語に加わる見込みだ。2022年11月に開かれる国際度量衡総会で決まる。

　SI接頭語とは、十進数の桁数（主に3桁ごと）に名前を定めたもの。「メートル」（m）や「ヘルツ」（Hz）といった単位の前に使うことで、簡潔に表すことができる。例えば、「1000000000ヘルツ」は一瞬では読みにくいが、接頭語を使えば、10の9乗は「ギガ」なので、「1ギガヘルツ」と表せる。これまで接頭語で表せる最も大きな桁は10の24乗の「ヨタ」、小さな桁は10のマイナス24乗の「ヨクト」だった。

　1991年以来、31年ぶりに新たな接頭語が追加される背景には、情報科学の発展によるデジタルデータ量の爆発的な増加がある。米国の調査会社IDCによると、2010年に世界に存在したデジタルデータ量は約1ゼタ（10の21乗）バイトだったが、25年には約175ゼタバイトになると予測されている。ただ、情報科学の発展を考えると、ロナ、クエタも数十年以内には足りなくなる可能性があるという。

名前	記号		大きさ	制定年
クエタ	**Q**	10^{30}	1 000 000 000 000 000 000 000 000 000 000	**2022年**
ロナ	**R**	10^{27}	1 000 000 000 000 000 000 000 000 000	（予定）
ヨタ	Y	10^{24}	1 000 000 000 000 000 000 000 000	1991年
ゼタ	Z	10^{21}	1 000 000 000 000 000 000 000	
エクサ	E	10^{18}	1 000 000 000 000 000 000	1975年
ペタ	P	10^{15}	1 000 000 000 000 000	
テラ	T	10^{12}	1 000 000 000 000	
ギガ	G	10^{9}	1 000 000 000	
メガ	M	10^{6}	1 000 000	
キロ	k	10^{3}	1 000	
ヘクト	h	10^{2}	100	
デカ	da	10^{1}	10	1960年
デシ	d	10^{-1}	0.1	
センチ	c	10^{-2}	0.01	
ミリ	m	10^{-3}	0.001	
マイクロ	μ	10^{-6}	0.000 001	
ナノ	n	10^{-9}	0.000 000 001	
ピコ	p	10^{-12}	0.000 000 000 001	
フェムト	f	10^{-15}	0.000 000 000 000 001	1964年
アト	a	10^{-18}	0.000 000 000 000 000 001	
ゼプト	z	10^{-21}	0.000 000 000 000 000 000 001	1991年
ヨクト	y	10^{-24}	0.000 000 000 000 000 000 000 001	
ロント	**r**	10^{-27}	0.000 000 000 000 000 000 000 000 001	**2022年**
クエクト	**q**	10^{-30}	0.000 000 000 000 000 000 000 000 000 001	（予定）

SI 接頭語の一覧

マスク氏、ツイッター買収を提案

米電気自動車大手テスラのイーロン・マスク最高経営責任者（CEO、➡5ページ）が、米ツイッターに買収を提案した。

交渉では紆余曲折があった。2022年4月、マスク氏がツイッターを総額440億ドルで買収することで合意。「表現の自由」を大義に、投稿への介入を減らす考えを示していた。しかし、5月には一転、買収を「一時保留する」と表明した。マスク氏は、ツイッターの偽アカウントに関する情報開示が不十分だと問題視し、要求した情報開示にツイッターが応じなかったとして、買収の合意内容の「重大な違反」と主張。7月に買収の撤回を表明した。

ツイッター側は買収を完了させる方針で、7月にマスク氏を相手取り、買収合意の履行を求めて提訴した。10月に予定されていた裁判で勝てる見込みが低いことがわかると、マスク氏は方針転換し、ツイッターに買収を再提案した。

無線給電

ケーブルを使わず離れた場所にある機器に電波で電気を供給する無線給電が、国内で使えるようになる。電波監理審議会が2022年3月、総務省による制度整備を認める答申を出した。新制度は省令改正を経て数カ月以内に導入される。

数mから10m程度離れた場所にある機器へ電波を使って電気を送る「ワイヤレス電力伝送」を電波法に基づき制度化する。送受信した電波のエネルギーを電力に変える仕組みで、複数の電子機器に同時に給電でき、電源ケーブルや電池交換が不要となる。無人の工場など、屋内でセンサーなどへの給電に限って始め、将来はオフィスや店舗、屋外の設備などでも使えるようにする。

フィンテック

　金融（Finance）と技術（Technology）を掛け合わせた造語。IT（情報技術）を活用した新しい金融サービスや、それに取り組むベンチャー企業がフィンテック（FinTech）と呼ばれている。格安な手数料での海外送金など、決済や送金、融資、資産管理などの分野で新サービスが生まれている。

　従来、決済などの金融サービスの提供には巨額の費用がかかり、銀行などがほぼ独占してきた。しかし、ITの進歩やスマートフォンの普及で、ベンチャーも参入できるようになった。便利になる半面、ネット上で情報をやりとりするため、預金口座などの個人情報の流出や不正使用の恐れもある。新サービスの普及には、信頼性を高めることが課題になる。

IoT（モノのインターネット）

　コンピューターやスマートフォン、家電や産業機器などあらゆるモノをインターネットでつなぐこと。Internet of Things の頭文字で、「モノのインターネット」と言われる。遠隔操作や自動制御のほか、モノから大量の情報を集めて、効率的な使い方や新しいサービスの開発に役立てることなどが期待されている。IT専門調査会社のIDCジャパンは、国内のIoT市場について、2021年の実績（見込み値）は5兆8948億円で、26年には9兆1181億円に達すると予測する。

IoT社会のイメージ

自動車／交通　・位置情報（GPS）　・エンジンの動作状況など
・渋滞予測、衝突回避、遠隔故障診断など

ショッピング　・商品の型番や価格（ICタグ）　・来店客の動線など（カメラ）
・販売予測、在庫管理、電子マネー決済など

健康管理　本人情報　・位置、脈拍、歩数など　・指紋、顔などの認証情報
・本人確認、お勧め情報の配信、健康チェック、遠隔診療など
・空調管理、節電、見守り、入退出管理など

工場　建設現場　・位置、地形など　・生産数量、設計データ
・遠隔操縦、異常検知、オーダーメイド生産など
・温度、湿度、明るさなどの室内環境　・人の動き、音声など

クラウドコンピューターに集約したビッグデータをAIなどで分析

使い方・サービスや事例　住まい・オフィス　収集するデータ・情報

科学・技術、情報・通信

☑ チェックドリル

Question	Answer
□**1** 探査機「はやぶさ2」が砂を持ち帰った小惑星を何というか。	1 リュウグウ
□**2** ①の砂から検出された、たんぱく質の材料となる有機化合物を何というか。	2 アミノ酸
□**3** アポロ計画以来となる、米航空宇宙局（NASA）が主導する有人月探査計画を何というか。	3 アルテミス計画
□**4** ロケット・ファルコン9の開発や民間宇宙旅行を行う米国の宇宙企業を何というか。	4 スペースX
□**5** ④を創業したのは誰か。	5 イーロン・マスク
□**6** 理化学研究所と富士通が開発した「京」の後継機となるスーパーコンピューターを何というか。	6 富岳
□**7** 量子力学的な効果を使ったコンピューターを何というか。	7 量子コンピューター
□**8** コンピューターが自ら学習して賢くなる機械学習の一種で、日本語で「深層学習」と呼ばれる学習方法を何というか。	8 ディープラーニング

Question	Answer
☐**9** 遺伝子を狙った部分で切ったり、置き換えたりする技術を何というか。	9 ゲノム編集
☐**10** 地質時代の正式な区分として位置づけることを国際組織が検討している、「人類が地球に大きな影響を与えた時代」を何というか。	10 人新世
☐**11** 太陽の表面でおきる爆発現象を何というか。	11 太陽フレア
☐**12** GAFAなどの米IT大手が覇権を握る今のインターネットを「2.0」と位置づけ、それに代わる次世代のネットを表す概念を何というか。	12 ウェブ3.0
☐**13** 2021年10月に最終合意した、巨大IT企業など多国籍企業への課税制度を何というか。	13 デジタル課税
☐**14** 2021年10月に最終合意した、世界共通の法人税の最低税率は何％か。	14 15%
☐**15** 2022年11月の国際度量衡総会で導入が見込まれる、10の30乗を表すSI（国際単位系）接頭語を何というか。	15 クエタ
☐**16** IT（情報技術）を活用した新しい金融サービスや、それに取り組むベンチャー企業を何と呼ぶか。	16 フィンテック

107

文化

世界遺産

　1972年にユネスコ（国連教育科学文化機関）で採択された「世界の文化遺産及び自然遺産の保護に関する条約」に基づいて登録される遺産。貴重な自然や人類の宝を守るため、国際協力を実現するのが目的で、文化遺産、自然遺産、その両方を兼ね備えた複合遺産がある。天災や戦争などで危機に瀕した遺産として、危機遺産リストに登録されるものもある。登録件数は2022年現在、１千件を超えており、近年は登録を抑制する傾向にある。

　政府は22年２月、23年の佐渡金山遺跡（新潟県）の世界文化遺産登録をめざし、ユネスコへ推薦書を提出した。江戸時代は幕府によって管理・運営され、佐渡は世界有数の金生産地になったとされる。鎖国で海外との技術交流が限られる中、機械装置を使った欧州とは異なり伝統的手工業による金生産が続けられたとして、地元が登録をめざしてきた。

　しかし、７月、ユネスコから推薦書の一部に十分ではない点があると指摘されたため、推薦書を改めて提出することになった。23年の登録は困難な状況だ。

日本の世界遺産 （2021年までの25件、登録順。＊は自然遺産）

法隆寺地域の仏教建造物／姫路城／屋久島＊／白神山地＊／古都京都の文化財／白川郷・五箇山の合掌造り集落／原爆ドーム／厳島神社／古都奈良の文化財／日光の社寺／琉球王国のグスク及び関連遺産群／紀伊山地の霊場と参詣道／知床＊／石見銀山遺跡とその文化的景観／平泉－仏国土（浄土）を表す建築・庭園及び考古学的遺跡群／小笠原諸島＊／富士山－信仰の対象と芸術の源泉／富岡製糸場と絹産業遺産群／明治日本の産業革命遺産　製鉄・製鋼、造船、石炭産業／ル・コルビュジエの建築作品（国立西洋美術館）／「神宿る島」宗像・沖ノ島と関連遺産群／長崎と天草地方の潜伏キリシタン関連遺産／百舌鳥・古市古墳群／奄美大島、徳之島、沖縄島北部及び西表島＊／北海道・北東北の縄文遺跡群

2025年大阪・関西万博

　2025年国際博覧会（万博）が、大阪市で開かれる。国内での大規模万博の開催は05年の愛知万博以来、大阪では1970年以来55年ぶり。正式名称は「2025年日本国際博覧会」。誘致の段階から関西全体をアピールしてきたことや、70年の大阪万博と区別することを踏まえ、略称は「大阪・関西万博」となった。開催期間は25年4月13日から10月13日。大阪市湾岸部の人工島「夢洲」が会場で、テーマは「いのち輝く未来社会のデザイン」。愛知万博を約600万人上回る約2800万人の来場を見込む。22年9月時点で137カ国・地域、8国際機関が参加を表明しているが、コロナ禍や不安定な国際情勢もあり、誘致目標の150カ国・地域、25国際機関には届いていない。

絶版書籍をスマホで閲覧、国会図書館

　絶版になった書籍など、入手が難しい資料をスマートフォンや自宅のパソコンから電子データの形で閲覧できるサービスを、国立国会図書館が2022年5月に始めた。

　データベースに収録された電子化資料は約281万点ある。このうち著作権の保護期間中だが、絶版などで手に入れるのが難しい本や、学術誌や論文など、計約153万点の入手困難資料は、従来は同館や国内の主要な公共図書館や大学図書館などにある端末で閲覧できる仕組みだった。しかし、近くに図書館がない人は利用しにくく、コロナ禍では図書館の休館が相次ぎ、閲覧ができなくなる例も生じていた。

　こうした事態を受け、入手困難資料を個人がスマホなどで閲覧できるようにする条項を新たに盛り込んだ改正著作権法が21年5月に成立した。漫画や商業出版された雑誌は、これまで通り国会図書館に行かないと閲覧できない。

ファスト映画、投稿者に有罪判決

　ファスト映画は、映画の動画や静止画を無断で編集し、字幕やナレーションをつけ、あらすじを紹介する10分程度の動画。映画会社の許可を取らずに作る海賊版の一種で、著作権法に違反している。

　2020年春ごろから動画サイトYouTubeへの投稿が目立つようになっていたが、21年6月、札幌市の20代の男ら3人が著作権法違反の疑いで逮捕された。3人は起訴され、21年11月、主犯の男に懲役2年執行猶予4年と罰金200万円の判決が、共犯の2人にもそれぞれ執行猶予付きの有罪判決が仙台地裁で言い渡された。ファスト映画をめぐって刑事責任が認められたのは全国初。また、3人は22年5月、大手映画会社など計13社から5億円の損害賠償を求めて提訴された。ファスト映画に関する民事訴訟は全国初とみられる。

漫画「海賊版」、被害額1兆円超え

　出版社などでつくる一般社団法人「ABJ」の調べによると、2021年に海賊版サイトで読まれた漫画の被害額は、推計で約1兆19億円だった。前年の4.8倍に急拡大している。

　海賊版サイトは、サイト上で作品を読むオンライン型とパソコンなどにデータを取り込むダウンロード型の2種類があり、被害額はオンライン型に絞って推計した。20年の正規の市場（6126億円。出版科学研究所調べ）の1.6倍で、ダウンロード型を含めると被害額は増える可能性が高い。

　海賊版サイトは、国内最大級といわれた「漫画村」が18年に閉鎖されると、海外を拠点にしたサイトが乱立。複数の海賊版サイトが「漫画村」を超える巨大サイトに成長しており、状況は悪化している。

NFT

　NFTは、Non-Fungible Tokenの頭文字で、非代替性トークンなどと訳される。ある電子データが真正なことを示す証明書のようなもの。ビットコインなどの暗号資産（仮想通貨、➡52ﾍﾟｰｼﾞ）と同様に、ブロックチェーン（分散型台帳）と呼ばれる技術で管理する。透明性が高くて改竄やコピーが難しく、誰が買ったかの履歴なども記録して残せる。

　デジタル上のデータやアート作品などに、NFTの技術を使って「本物」であるとの証明書を付けて売買するNFT市場が急速に拡大している。デジタルアートや電子映像は複製が容易だが、NFTにより「正真正銘の購入者」の証しを独占できるとして、高値で落札されている。

　2021年3月、英クリスティーズのオークションで、米国人アーティスト・BeepleのデジタルアートのNFTが約75億円相当で、ツイッターの共同創業者が世界で初めて投稿したツイートが3億円超で落札されて話題を集めた。

　一方で、ネット上にある第三者のアート作品などを無断でコピーした「盗品」を出品する事例も相次ぐ。著作権の侵害につながるほか、購入者が泣き寝入りするケースも多いとみられ、対策が急がれる。

NFTの取引のイメージ

1 デジタル作品を制作
制作者
複製が容易

2 交換所で作品のNFTを発行してもらい出品
電子データのため
唯一無二の原本の証しに

交換所（マーケットプレイス）
NFT　NFT　NFT　NFT

3 多数の作品の中で自由に売買
NFTとひもづいて独自の価値に

NFT
第三者への転売も可能
購入
買い手

4 NFTを購入し、暗号資産で支払い

111

「ドライブ・マイ・カー」アカデミー賞受賞

　2022年３月、第94回米アカデミー賞で、濱口竜介〔●6ページ〕監督の「ドライブ・マイ・カー」が、国際長編映画賞（旧外国語映画賞）を受賞した。同賞の日本作品の受賞は、09年の「おくりびと」（滝田洋二郎監督）以来２作目。最高栄誉の作品、監督、脚色の３部門でもノミネートされていたが、受賞はならなかった。日本作品の候補入りは、作品賞、脚色賞は初、監督賞は黒澤明監督の「乱」に続いて36年ぶり３人目で、いずれも初の受賞を狙っていた。

過去にアカデミー賞を受賞した日本人・日本映画（敬称略）

受賞回（年度）	受賞者・作品	賞
第24回(1951)	「羅生門」黒澤明監督	名誉賞
第27回(54)	「地獄門」衣笠貞之助監督	名誉賞
	和田三造「地獄門」	衣装デザイン賞
第28回(55)	「宮本武蔵」稲垣浩監督	名誉賞
第30回(57)	ナンシー梅木「サヨナラ」	助演女優賞
第58回(85)	ワダエミ「乱」	衣装デザイン賞
第60回(87)	坂本龍一「ラストエンペラー」	作曲賞
第62回(89)	黒澤明	名誉賞
第65回(92)	石岡瑛子「ドラキュラ」	衣装デザイン賞
第71回(98)	「ザ・パーソナルズ」伊比恵子監督	短編ドキュメンタリー賞
第75回(2002)	「千と千尋の神隠し」宮崎駿監督	長編アニメーション賞
第81回(08)	「おくりびと」滝田洋二郎監督	外国語映画賞
	「つみきのいえ」加藤久仁生監督	短編アニメーション賞
第90回(17)	辻一弘「ウィンストン・チャーチル ヒトラーから世界を救った男」	メーキャップ賞

※19年に米国籍を取得、カズ・ヒロとして第92回でも「スキャンダル」でメーキャップ賞

　「ドライブ・マイ・カー」は、村上春樹の短編小説を原作に、喪失と再生を描いた物語で、西島秀俊、三浦透子、霧島れいか、岡田将生らが出演。アカデミー賞の前哨戦とされる１月の第79回ゴールデングローブ賞で、日本映画として62年ぶりに非英語映画賞（旧外国語映画賞）を受賞したほか、21年のカンヌ国際映画祭でも濱口監督らが日本作品として初めて脚本賞を受賞した。

　21年のアカデミー賞では、中国出身のクロエ・ジャオ監督の米映画「ノマドランド」が作品賞など主要３部門を獲得。20年には韓国映画「パラサイト　半地下の家族」が、史上初めて英語以外の外国語映画として作品賞を受賞するなど、アジア系の躍進が続いていた。

映画、音楽、文学の主な賞

●アカデミー賞とグラミー賞

米国最大の映画賞がアカデミー賞。グラミー賞は米国最大の音楽賞。

〔22年・第94回アカデミー賞〕作品賞＝シアン・ヘダー監督「コーダ　あいのうた」／監督賞＝ジェーン・カンピオン監督「パワー・オブ・ザ・ドッグ」／主演男優賞＝ウィル・スミス「ドリームプラン」／主演女優賞＝ジェシカ・チャスティン「タミー・フェイの瞳」

〔22年・第64回グラミー賞〕最優秀レコード賞、年間最優秀楽曲賞＝シルク・ソニック「リーヴ・ザ・ドア・オープン」

●三大国際映画祭

カンヌ（仏）、ベネチア（伊）、ベルリン（独）の三つの映画祭。コンペティション部門の最優秀作品に対し、カンヌは「パルムドール」が、ベネチアは「金獅子賞」が、ベルリンは「金熊賞」が授与される。

〔22年・第75回カンヌ国際映画祭〕パルムドール＝リューベン・オストルンド監督「トライアングル・オブ・サッドネス」

〔22年・第79回ベネチア国際映画祭〕金獅子賞＝ローラ・ポイトラス監督「オール・ザ・ビューティー・アンド・ザ・ブラッドシェッド」

〔22年・第72回ベルリン国際映画祭〕金熊賞＝カルラ・シモン監督「アルカラス」

●芥川賞と直木賞

純文学の新人作家に芥川賞が、大衆文学の新人・中堅作家に直木賞が与えられる。

〔21年下半期・第166回受賞作品〕芥川賞＝砂川文次「ブラックボックス」、直木賞＝今村翔吾『塞王の楯』、米澤穂信『黒牢城』

〔22年上半期・第167回受賞作品〕芥川賞＝高瀬隼子「おいしいごはんが食べられますように」、直木賞＝窪美澄『夜に星を放つ』

●本屋大賞

全国の書店員が一番売りたい小説を投票で選ぶ文学賞。大衆性が強いはずの直木賞の結果への違和感から創設された。映画化された『告白』（湊かなえ）や『舟を編む』（三浦しをん）など、受賞作はいずれもベストセラーになっている。

〔22年・第19回本屋大賞〕逢坂冬馬『同志少女よ、敵を撃て』

こども家庭庁

子育て支援や子どもの貧困〔●117ペー〕対策、児童虐待防止、少子化対策といった幅広い分野を受け持つ、子ども政策の司令塔となる組織。設置に関連する法律が2022年6月に成立し、23年4月に新設される。

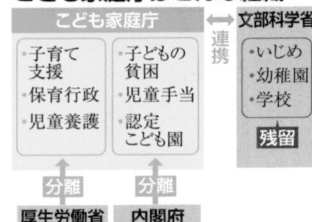

こども家庭庁はこんな組織

こども家庭庁をめぐる課題
- 「中身」が見えない
  新規政策のラインアップが乏しい
- 「財源」が見えない
  政策の経費を誰がどう負担するのか

これまで厚生労働省や内閣府にまたがっていた子ども関連部局を統合し、政策を一元的に進める。ほかの省庁に改善を求める勧告権も持たせる。職員は300人規模で、専任の大臣も置く。担当省庁が定まらず対応が遅れていた子どもの性被害防止にもあたる。縦割り行政は一部解消するものの、幼稚園や義務教育といった分野は引き続き文部科学省が担当することになり、幼保一元化は見送られた。

菅義偉政権がこども庁構想を打ち出し、岸田政権が引き継いだ。ただ、政策を実行するための財源ははっきりせず、課題が残る。

関連用語　こども基本法

2022年6月に成立した、子どもの権利を守るための基本理念を定めた法律。1994年に日本が批准した子どもの権利条約に対応するための国内法という位置づけ。18歳という年齢で区切らず、心身の発達の過程にある人を「こども」と定義。すべての子どもは個人として尊重され、基本的人権が保障される▷教育を受ける機会が等しく与えられる▷自分に関わることに意見を表明する機会が確保される——といった基本理念にもとづき、子ども政策を進めなければならないと明記した。こども家庭庁も、こども基本法の理念に従って政策運営を担う。

出生数、過去最少を更新

　厚生労働省によると、2021年に国内で生まれた日本人の子どもは前年比3.5%減の81万1604人で、データがある1899年以降で最少となった。減少は6年連続。

2021年の出生数は過去最少
厚生労働省の人口動態統計から

（万人）

出生数　**143万9809人**

死亡数　81万1604人

1950年　60　70　80　90　2000　10　20

　1人の女性が生涯に産む見込みの子どもの数を示す合計特殊出生率は1.30で、前年より0.03ポイント下がった。6年連続で低下し、過去4番目の低水準となった。人口を維持するのに必要な出生率（2.06）だけでなく、政府が目標とする「希望出生率1.8」とも大きく乖離（かいり）している。都道府県別では、沖縄（1.80）が最も高く、最も低いのは東京（1.08）。

　死亡数は戦後最多の143万9809人。出生数から死亡数を引き算した「自然増減数」はマイナス62万8205人で、過去最大の減少となった。鳥取県の人口（約54万人）を上回る規模の人口減が今後も続く見通しだ。

関連用語 （ **待機児童** ）

　小学校就学前の子どもで認可保育所へ預けるための入所要件に該当しているが、申し込みをしても入ることができない児童のこと。厚生労働省によると、2022年4月時点の人数は、過去最少の2944人だった。3千人を割るのは1994年に調査を始めてから初めて。保育園の整備が進んだことに加え、子どもの数の減少や新型コロナウイルスの感染を心配した利用控えが影響したという。減少は5年連続。直近のピークだった17年（2万6081人）と比べ、およそ9分の1になった。

文化、くらし

男性の育休・産休

2021年6月に成立した改正育児・介護休業法により、22年4月から企業に対し、男性、女性にかかわらず、自身や配偶者の出産や妊娠を届け出た社員に育休を取る意思があるかを確認することが義務づけられた。22年10月には、生後8週間以内に父親が最大4週間の男性産休を取れる制度も始まった。

原則、子が1歳になるまで夫婦のどちらも育休を取れる。だが、女性の取得率約85%（21年度）に対し、男性は約14%（同）にとどまる。職場の育休制度への無理解や、上司に言い出しにくいことなどが理由に挙げられてきた。政府は25年に男性の取得率を30%とする目標を掲げる。法改正で、育休取得のハードルを下げる効果を狙う。

出産一時金、増額を検討

出産は自由診療のため、費用は妊産婦の全額自己負担が原則だ。出産育児一時金は負担を軽くするために健康保険などから支給される制度で、42万円が支給される。しかし、いつ始まるか分からないお産に対応するための医師や助産師らの体制整備が必要でコストがかかるなどとして、出産費用は年々増える傾向だ。2020年度に公的病院でかかった出産費の平均は45万2千円だった。

出産費用の平均額が一時金を上回る状態が続いていることから、自民党の議員連盟は22年5月、一時金を現在の42万円から40万円台半ばに増やす提言書を岸田文雄首相に提出した。岸田首相も引き上げる考えで、厚生労働省が実態調査を踏まえて見直す方針だ。

一時金はこれまでも引き上げられてきたが、その後に医療機関が出産費用を増やすいたちごっこが続いている。

子どもの貧困

貧困率は、世帯収入から国民一人ひとりの所得を試算して順番に並べたとき、真ん中の人の所得の半分（貧困線）に届かない人の割合。子どもの貧困率は、18歳未満でこの貧困線を下回る人の割合を指す。

厚生労働省によると、子どもの貧困率は2018年に13.5%となり、前回15年調査から0.4ポイント改善した。景気拡大が給与収入を押し上げたことが改善の背景にある。2回連続の改善だが、依然として子どもの約7人に1人が貧困状態にある。経済協力開発機構（OECD）の平均12.8%（17年）も上回る。

内密出産

内密出産は、予期しない妊娠をした女性が、病院の担当者だけに身元を明かして出産し、後に子どもが望めば出自を知ることができる仕組み。女性と生まれてくる子どもの命を守る取り組みとして、熊本市の慈恵病院が2019年に独自に始め、21年12月に10代女性が出産して国内初の事例となった。同院は22年8月までに5例を公表している。

だが、現行法では匿名での出産を想定せず、出生届のあり方や子どもの出自を知る権利の保障方法などをめぐり、課題が生じていることから、国は22年9月、初の指針をまとめた。医療機関に対し、子どもの出自を知る権利を保障するため、母親の身元情報を長期間保存することなどを求めるほか、親が出生届を出さなくても、生まれた子の戸籍を市区町村長の権限でつくれるとした。また、「妊婦がその身元情報を明らかにして出産することが大原則」とし、内密出産を推奨するものではないと明記した。

食品ロス

　食品ロスは、まだ食べられるのに捨てられてしまうこと。消費者庁などの推計によると、2020年度の国内の食品ロスは522万tで、統計を始めた12年度以来最少となった。

　前年度から48万t（8％）減り、削減幅は過去最大だった。ロス量全体のうち、食品産業が出す事業系ロス量は275万t（農林水産省推計）で、前年度より34万t（11％）減。各家庭が出す家庭系ロス量は247万t（環境省推計）で、前年度より14万t（5％）減だった。農水省によると、事業系ロス量の減少は、コロナ下で外食需要が減り、コンビニなども来客が減って弁当などの製造量が減ったためとみられている。環境省は、コロナ下で在宅の食事が増え、家庭でのロス削減意識が高まったのではと指摘する。

　食品ロスは世界的な課題だ。15年に採択された持続可能な開発目標（SDGs、➡34㌻）には、世界全体の1人あたりの食料の廃棄を30年までに半減させることが盛り込まれた。国内のロス量は5年連続の減少だが、国連世界食糧計画（WFP）が世界各国で援助する食料（440万t、21年）を上回る水準。政府は30年度までに、00年度比で半減する目標を掲げる。19年10月には食品ロス削減推進法が施行された。

関連用語　食料自給率

　「国内で生産された食べ物の量」を「国内で消費された食べ物の量」で割った数字で、カロリーベースは私たちが生きていくのに欠かせない栄養価に注目し、カロリー（熱量）を基準に算出する。

　農林水産省によると、2021年度の食料自給率は、カロリーベースでは38％で、20年度の37％から微増した。20年度はコロナ禍の影響で外食向けのコメ需要が減るなどし、過去最低の37％だった。21年度は外食需要の回復でコメの消費が増えたほか、国内生産が増えた小麦の自給率が上がったことなどが影響して微増した。

サブスク解約を容易にする改正消費者契約法

　サブスク解約手続きに必要な情報提供の努力義務を事業者に課すことを盛り込んだ改正消費者契約法が、2022年5月に成立した。主に契約時のルールを定めた同法で、解約時に関する規定が設けられるのは初めて。

　サブスクは、サブスクリプション（定額制）の略で、音楽や動画配信、家具や車の利用など近年様々なサービスが生まれている。ただ解約手続きをしない限り契約が自動で更新されるものが多い。改正法では、事業者の努力義務を定めた条文に新たに「解除権行使に必要な情報提供」が盛り込まれた。例えば、消費者がウェブサイト上で解約しようとするが、どこにアクセスすればよいか分かりにくい場合、解約に必要な手順を電話やメールなどで説明することが求められる。

アニマルウェルフェア

　国際獣疫事務局（OIE）の勧告において、アニマルウェルフェアは、「動物の生活とその死に関わる環境と関連する動物の身体的・心的状態」と定義されている。

　欧米ではアニマルウェルフェアへの意識の高まりを受け、ペットについて様々な規制を導入している。フランスで2021年11月に成立した動物愛護法では、ペットショップでの犬と猫の販売を24年1月以降、禁止する。ドイツでは、犬の大きさに従って檻の床面積が決められている。

　日本では、繁殖業者やペットショップに対する規制の強化は、業界団体の激しい抵抗で思うように進んでいない。19年に成立した改正動物愛護法では、飼育環境に具体的な規制が定められるなど一定の前進が見られたが、欧米の先進的な国の水準には至っていない。

文化、くらし

119

文化、くらし

☑ **チェックドリル**

Question	Answer
□1 2022年2月に王将のタイトルを獲得し、史上最年少で五冠を達成した棋士は誰か。	1 藤井聡太
□2 2022年9月、9歳4カ月の小学3年生で世界最年少の囲碁棋士となったのは誰か。	2 藤田怜央
□3 世界文化遺産の登録をめざして、政府が2022年2月に推薦書を提出したが、不備により、再提出することとなった遺跡を何というか。	3 佐渡金山遺跡
□4 2025年国際博覧会が開かれる都市はどこか。	4 大阪市
□5 絶版になった書籍などをスマートフォンなどで閲覧できるサービスを2022年5月に始めたのはどこか。	5 国立国会図書館
□6 「非代替性トークン」などと訳される、ある電子データが真正なことを示す「証明書」のようなものを何というか。	6 NFT
□7 映画の動画などを無断で編集してあらすじを紹介する10分程度の動画を何というか。	7 ファスト映画

Question	Answer
☐**8** 出版社などでつくる一般社団法人「ABJ」の調べで、2021年に海賊版サイトで読まれた漫画の推計被害額はいくらだったか。	8 1兆19億円
☐**9** 第94回米アカデミー賞で、日本作品で2作目となる国際長編映画賞を受賞した作品は何か。	9「ドライブ・マイ・カー」
☐**10** ⑨を制作した監督は誰か。	10 濱口竜介
☐**11** 2023年4月に新設される、子ども政策の司令塔となる組織を何というか。	11 こども家庭庁
☐**12** 2021年に国内で生まれた日本人の子どもは何人か。	12 81万1604人
☐**13** 2021年の合計特殊出生率はいくつか。	13 1.30
☐**14** 小学校就学前の子どもで認可保育所へ預けるための入所要件に該当しているが、申し込みをしても入ることができない児童のことを何というか。	14 待機児童
☐**15** 予期しない妊娠をした女性が、病院の担当者だけに身元を明かして出産し、後に子どもが望めば出自を知ることができる仕組みを何というか。	15 内密出産
☐**16** 2021年度の食料自給率は、カロリーベースでは何%だったか。	16 38%

北京冬季五輪

　2022年2月、北京で冬季五輪が開催された。08年に夏季大会を開き、史上初めて夏と冬の五輪を開催した都市となった北京に、91カ国・地域から約2900人の選手が集まり、17日間で7競技、史上最多の109種目が行われた。

　日本は18個（金3、銀6、銅9）のメダルを獲得。前回平昌（ピョンチャン）の13個を超え、冬季五輪で最多となった。選手団主将を務めたスピードスケート女子の高木美帆は金1、銀3の計4個のメダルを獲得。スノーボード男子ハーフパイプで平野歩夢が初優勝し、スキー・ジャンプ男子の小林陵侑も個人ノーマルヒルで金メダルに輝いた。

　北京五輪では競技以外にも注目が集まった。米国や英国、オーストラリアなど、新疆ウイグル自治区の人権問題〔➡44ページ〕などをめぐって政府当局者を派遣しない外交ボイコットが相次いだ。日本も政府関係者を派遣しなかった。

　ROC（ロシア・オリンピック委員会）で出たフィギュアスケート女子の15歳の選手のドーピング疑惑が判明。出場できるのか関係機関の意見が分かれ、出場後に選手が泣き崩れたことが大きな騒動になった。スキー・ジャンプの混合団体で計5人の女子選手がスーツの規定違反で失格になるなど、判定をめぐる混乱もあった。

　次回の冬季五輪は、26年にミラノ・コルティナダンペッツォ（イタリア）で開かれる。

高木美帆

平野歩夢

小林陵侑

羽生結弦、プロ転向

　フィギュアスケート男子の羽生結弦は2022年7月、今後は競技会には出場せず、プロとしてアイスショーなどを中心に活動していく意向を表明した。

　羽生は1994年、仙台市生まれ。ジュニア時代から将来を嘱望され、2010年にシニアデビュー。11年の東日本大震災を乗り越え、五輪では14年ソチ、18年平昌で男子では66年ぶりとなる連覇を達成し、冬季五輪の金メダリストで初めて国民栄誉賞を受賞した。14、17年には世界選手権も制し、グランプリ（GP）ファイナルは13年から4連覇。全日本選手権は6度優勝した。

　北京五輪は4位だったが、フリーで前人未到のクワッドアクセル（4回転半）に挑戦。転倒したが、国際スケート連盟（ISU）公認大会で初めて4回転半を跳んだと認定された。

札幌、2030年五輪招致

　札幌市が、2030年の冬季五輪・パラリンピック招致をめざしている。国際オリンピック委員会（IOC）総会で開催地に決まれば、札幌市では1972年以来2度目、日本での冬季五輪は98年の長野以来3度目となる。

　当初、2026年大会の招致をめざしていたが、北海道新幹線の札幌延伸を見据えて30年大会の招致に方針を変更。立候補都市の減少に悩むIOCから26年大会招致の継続を求められたが、18年9月に発生した北海道胆振東部地震からの復興を最優先課題として取り組む必要があるとして、30年大会に目標を変更していた。02年大会を開いたソルトレークシティー（米）や10年大会開催地のバンクーバー（カナダ）、ピレネー・バルセロナ（スペイン）も開催への意欲を見せている。

仙台育英、東北勢悲願の初優勝

2022年8月に開かれた第104回全国高校野球選手権大会決勝で、仙台育英（宮城）が8−1で下関国際（山口）を破り、初の全国制覇を果たした。

春夏を通じて、東北勢として悲願の初優勝になった。東北勢の夏の決勝進出は仙台育英の3回を含めて10回目だが、これまではいずれも準優勝止まりだった。初の決勝に進んだ下関国際は、山口勢としては第40回大会（1958年）の柳井以来、64年ぶり2度目の頂点をめざしたが、届かなかった。

大会は3年ぶりに一般客が入場した。また、新型コロナウイルスの感染が拡大する中で行われたが、感染拡大予防ガイドラインを導入。試合前に登録選手の感染が確認された場合、陰性が確認された選手と入れ替えることができ、感染者が出ても全49代表が辞退することなく試合を行った。

継続試合

雨などで試合が中断した場合、翌日以降に続きを行うこと。春の選抜、夏の全国選手権、全国軟式選手権の各大会に導入され、2022年春の第94回選抜大会から適用された。

これまでは降雨などで、高校野球の試合が成立する七回終了より前に打ち切られると「ノーゲーム」に、試合成立後に打ち切られると「コールドゲーム」になっていたが、ともになくなった。

ゲリラ豪雨の増加など近年の気象の変化を踏まえ、選手の負担軽減や安全なプレー環境の確保を図るため日本高校野球連盟が議論を進めていた。1週間で500球以内の投球数制限がある投手は、ノーゲームでも投球数はカウントされるため、他チームに比べ不公平になる可能性を指摘されていた。

大谷翔平、ルース以来の「2桁勝利・本塁打」

　大リーグ・エンゼルスの大谷翔平は2022年8月、アスレチックス戦に「2番・投手兼指名打者」で先発出場し、6回無失点で22年シーズン10勝目を挙げた。投打の「二刀流」を続ける大谷はこの試合で、25号本塁打も放ち、1918年のベーブ・ルース以来104年ぶりとなる「1シーズンでの2桁勝利、2桁本塁打」を達成した。

　また、大谷は大リーグ5年目で初めてシーズンの規定投球回数(162回)に到達。規定打席数(502打席)と合わせて、大リーグでは現在の2リーグ制が確立した1901年以降で初めて投打両方での規定クリアを達成した。

2桁勝利・本塁打を達成した大谷翔平

　22年の成績は、投手として15勝9敗、防御率2.33。打者として打率2割7分3厘、34本塁打、95打点だった。

スポーツ

大谷ルール

　米大リーグで2022年シーズンから、投打の「二刀流」として活躍するエンゼルスの大谷翔平の打席数が増えるルールが導入された。打順に入った先発投手が、降板した後も指名打者(DH)として出場を続けられる。21年夏のオールスター戦でも、大谷が投打同時で先発出場するために同様の特別ルールが適用されていた。

　大谷は21年、ア・リーグ3位の46本塁打を放った。ただ打席数は、48本でともに本塁打王となった2選手より少なかった。打席数が増えれば、本塁打や打点をかせぐ機会が増えることになる。

中学・部活動の地域移行を提言

スポーツ庁の有識者会議は2022年5月、運動部活動の地域移行に関する提言をまとめた。23～25年度を改革集中期間とし、公立中学校の休日の指導を民間クラブなどに託していく。

部員不足や廃部で従来のような部活動のかたちを維持できなくなる学校もある中、子どもたちがスポーツに取り組める環境を確保するとともに、多忙な教員の負担を軽減することをめざす。

	運動部活動の地域移行に関する検討会議提言骨子
対象	公立中学校の休日の運動部活動
移行先	総合型地域スポーツクラブ、スポーツ少年団、クラブチーム、フィットネスクラブ、大学など
活動場所	学校の体育館、学校外の施設など
指導者	民間クラブなどの指導者、大学生、退職教員、保護者など。教員の兼業兼職も整備
財源	スポーツ振興くじ(toto)助成や国の支援を検討
今後の動き	2023～25年度を「改革集中期間」とし、地域ごとに推進計画などを策定
課題	スポーツ団体などへの会費を払うのが難しい、経済的に困窮する家庭への支援

今回の提言は公立中学校が対象。私立については、建学の理念を尊重する視点から改革を推奨するにとどめた。高校は、義務教育ではなく、スポーツを特色とする学校も存在するため、「中学校とは異なる状況にある」と明記した。

課題は、教員に代わる指導者や、増加が見込まれる費用をどう賄うかだ。スポーツ庁が委託した調査では、主に土日の運営主体が外部になった場合、従来の部活動よりも1人あたり年間約1万7千円多くかかるとしている。部活動格差が懸念されるため、「国の支援が必要」と提言で国費の投入を求め、スポーツ振興くじ（toto）の助成を財源とする案が示された。

また、文化部活動の地域への移行も、文化庁の有識者会議が8月、運動部と同様に公立中学校の休日の文化部活動を地域の文化芸術団体や外部指導者らにゆだねる取り組みを進めるとする提言をまとめている。

国枝慎吾、生涯ゴールデンスラム達成

　2022年7月、テニスのウィンブルドン選手権で国枝慎吾が車いすの部の男子シングルス決勝で初優勝を果たし、全4大大会とパラリンピックを制覇する生涯ゴールデンスラムの偉業を達成した。

　国枝は1984年、東京都出身。9歳のとき、脊髄腫瘍で車い

東京パラリンピックでは、3度目のシングルス金メダルを獲得した国枝慎吾

す生活になり、11歳から車いすテニスを始める。17歳から海外ツアーを回り始めると、2006年に初めて世界ランキング1位に。パラリンピックでは04年アテネのダブルスで金メダル。シングルスでは08年北京、12年ロンドン、21年東京で金メダル。4大大会のシングルスでは27回優勝していたが、ウィンブルドンだけ縁がなかった。

サッカーW杯カタール大会

　サッカー・ワールドカップ（W杯）カタール大会が2022年11〜12月に開催される。中東でのW杯開催は初めて。W杯は通例、秋から春までの欧州のシーズンが終わった夏に開かれてきたが、猛暑を避けるため、冬開催となった。

　森保一監督率いる日本代表は、7大会連続の出場。ともにW杯優勝経験のあるドイツ、スペインと、ニュージーランドとの大陸間プレーオフを勝ち抜いたコスタリカと同じE組に入った。日本は初めて優勝経験のある2チームと1次リーグでぶつかる。初の8強入りをめざす日本にとって、厳しい組み合わせだ。

安倍元首相殺害事件

2022年7月、奈良市の路上で参院選の街頭演説中の安倍晋三元首相が男に銃で撃たれ、亡くなった。

奈良県警に逮捕されたのは、奈良市在住の無職の男。宗教法人世界平和統一家庭連合（旧統一教会）の名称を挙げて、「恨む気持ちがあった」と説明。旧統一教会の活動に熱心になった母親が多額の献金をしていたという。「団体のトップを狙おうとしたが難しく、安倍氏が（その団体と）つながりがあると思い込んで狙った」という趣旨の供述をしている。

事件当時の精神状態を調べるため、容疑者は鑑定留置となっている。今後、想定される裁判員裁判では、容疑者の精神状態が争点の一つになるとみられ、起訴前に専門家の見解を得ておく必要があると判断したとみられる。

安倍元首相の国葬

安倍晋三元首相の国葬（国葬儀）が2022年9月、東京都千代田区の日本武道館で執り行われた。海外218の国・地域・国際機関からの要人を含む約4200人が参列した。首相経験者の国葬は1967年の吉田茂氏以来、戦後2例目。

岸田文雄首相は、安倍氏が亡くなった6日後に、国葬を実施する考えを表明。憲政史上最長の在任期間や内政・外交での実績などを理由に挙げた。内閣府の所掌事務として「国の儀式」を定める内閣府設置法と閣議決定を根拠に開催を決め、費用として総額16億6千万円の試算も明らかにした。

しかし、立憲民主党などの野党は「法的根拠があいまい」と指摘。費用の不透明さや、安倍氏と世界平和統一家庭連合（旧統一教会）の関わりも問題視され、報道各社の世論調査では、国葬に対して反対が賛成を上回った。

最高裁、原発事故、国の責任認めない判決

　東京電力福島第一原発事故で被害を受けた住民らが国に損害賠償を求めた4件の集団訴訟で、最高裁第二小法廷は2022年6月、国の責任を認めない判決を言い渡した。

　最高裁は、事故以前の津波対策は「防潮堤の設置が基本だった」とし、02年に国が公表した地震予測「長期評価」に基づき、東電子会社が08年に計算した最大15.7mの津波予測は「合理性を有する試算」と指摘。一方で、実際の地震・津波は長期評価に基づく想定より「はるかに大規模」で、仮に防潮堤を設置させていても事故は避けられなかったとした。

　東電と国を訴えた集団訴訟は全国で32件あり、約1万2千人が計約1100億円の賠償を請求している。最高裁は、先行した福島、群馬、千葉、愛媛の4訴訟について判断。高裁段階で結論が割れた国の責任について初の統一判断を示した。後続の同種訴訟でも国の責任は否定されていくとみられる。

東京地裁、東電旧経営陣に「13兆円」賠償判決

　東京電力福島第一原発事故をめぐり、東電の株主が旧経営陣に対し、22兆円を東電に賠償するよう求めた株主代表訴訟で、東京地裁は2022年7月、元会長ら4人に13兆3210億円を支払うよう命じた。

　判決は、国が02年に公表した地震予測「長期評価」を科学的に信頼できると認定。これをもとに試算した最大15.7mの津波予測を信頼できると判断し、その上で津波対策を先送りして放置したと指摘した。東電が被った損害とされた約13兆3千億円の内訳は①廃炉：約1兆6千億円②被災者への賠償：約7兆1千億円③除染・中間貯蔵対策：約4兆6千億円。国内の民事裁判で出た過去最高の賠償額とみられる。

成人年齢「18歳」に

2022年4月1日、改正民法の施行により、成人年齢が20歳から18歳に引き下げられた。成人の定義が変わるのは146年ぶり。

18、19歳が成人となり、保護者の同意がなくてもローンなどの契約を結んだり、クレジットカードを作れたりするようになる。また、女性が結婚できる年齢は、16歳から18歳に引き上げられた。結婚できるのは成人のみとなり、保護者の同意は不要になる。一方、飲酒や喫煙、競馬や競輪などができる年齢は20歳以上が維持される。

成人年齢の引き下げは、07年成立の国民投票法で投票年齢が「18歳以上」と規定されたことから議論が進んだ。選挙権年齢は、16年から18歳以上になった。

特定少年

2022年4月、成人年齢を20歳から18歳に引き下げる改正民法とともに改正少年法も施行された。18、19歳が罪を犯した場合は「特定少年」として、17歳以下と区別される。

改正少年法でも適用年齢は「20歳未満」が維持され、事件を起こした全員をいったん家庭裁判所に送致して生い立ちや事件の背景を調べる仕組みは残る。家裁から検察官に原則送致（逆送）する対象が特定少年の場合、従来の「故意の行為で人を死亡させた罪」から「法定刑の下限が懲役か禁錮1年以上の罪」に拡大された。

逆送後に起訴されれば、実名や写真など本人を特定できるような情報の報道も可能となった。甲府市で21年10月に起きた殺人・放火事件で逮捕された19歳の男が22年4月に起訴され、甲府地検は実名を公表した。

侮辱罪の厳罰化

　侮辱罪の厳罰化などを盛り込んだ改正刑法が2022年6月に成立し、7月に施行された。

　侮辱罪の対象は、「事実を摘示しなくても、公然と人を侮辱」する行為。従来の法定刑は「拘留（30日未満）または科料（1万円未満）」で、刑法で最も軽かった。改正法は罪の構成要件は変更せず、法定刑を「1年以下の懲役・禁錮か、30万円以下の罰金」に引き上げた。公訴時効も1年から3年に延びた。

　フジテレビの番組に出演したプロレスラーの木村花さん（当時22）が、SNSで中傷を受けて20年に自死した事件をきっかけに厳罰化を求める声が高まった。一方、国会では、厳罰化によって逮捕の条件が緩和され、政治家や公務員への批判などを萎縮させて「表現の自由が脅かされる」といった指摘が相次いだ。法務省と警察庁は「正当な言論活動を処罰対象とするものではない」とする見解を出し、改正法には3年後に外部有識者を交えて検証する付則が追加された。

ネット中傷投稿者の開示手続き簡略化

　インターネット上で誹謗中傷の投稿をした人を特定しやすくするための改正プロバイダー責任制限法が、2022年10月に施行された。新たな手続きは時間がかかる訴訟を経なくても、裁判所が被害者の申し立てを受け、投稿者の情報開示をSNSなどの事業者に命じることができる。投稿者の情報が消えないよう、情報消去の禁止なども事業者に命じられる。

　従来は情報開示まで2回の裁判手続きが必要となるなど負担が大きく、泣き寝入りする人も多かった。新制度では、申し立てから開示命令決定までは数カ月程度に縮まる見込み。

拘禁刑を創設

刑罰から懲役と禁錮をなくし、新たに拘禁刑をつくる改正刑法が2022年6月、成立した。刑罰の種類が変わるのは、刑法が1907（明治40）年に制定されてから初めて。公布から3年以内に施行される。再犯を防ぐため、刑罰の目的を「懲らしめ」から「立ち直り」に移す大転換となる。

現行法の刑罰には、生命を奪う死刑、自由を奪う懲役、禁錮、拘留のほか、財産を奪う罰金、科料、没収がある。自由を奪う刑のうち、懲役は木工、印刷、炊事などの刑務作業が義務づけられるが、禁錮は義務づけられない。拘留は30日未満の収容で作業の強制もない。

20年に死刑と自由を奪う刑が確定するなどした受刑者のうち99.65％は懲役で、禁錮が0.32％。禁錮刑は過失による交通事故で適用されることが多いが、大半は希望して作業に従事しており、両者を区別する意味は薄れていた。

法改正の背景には、刑法犯が減少する一方で、再犯者の割合が近年は約5割と高止まりしている現状がある。拘禁刑の創設で、再犯率が高い薬物犯罪に特化した指導プログラムや、出所後の社会生活に必要な最低限の学力を身につける教科指導などを充実させ、再犯者を減らす狙いがある。

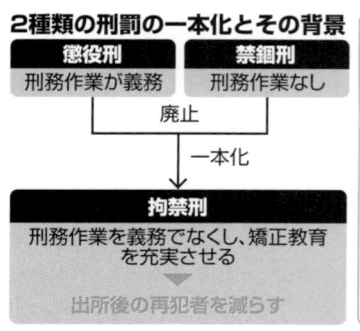

2種類の刑罰の一本化とその背景

懲役刑	禁錮刑
刑務作業が義務	刑務作業なし

廃止

一本化

拘禁刑
刑務作業を義務でなくし、矯正教育を充実させる

出所後の再犯者を減らす

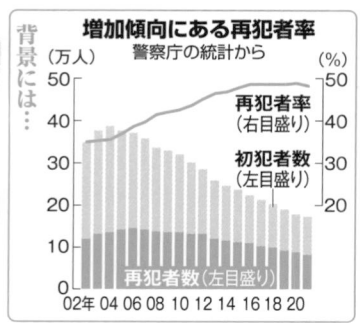

背景には…

増加傾向にある再犯者率
警察庁の統計から

再犯者率（右目盛り）
初犯者数（左目盛り）
再犯者数（左目盛り）

'02年 04 06 08 10 12 14 16 18 20

国民審査、海外から投票不可「違憲」判決

　最高裁裁判官の国民審査をめぐり、海外の日本人が投票できないのは憲法違反かが争われた訴訟の上告審判決で、最高裁大法廷は2022年5月、「違憲」とする初判断を示した。投票は国民の権利だと明示し、国会が法整備を怠ったとして国に賠償を命じた。

　裁判官15人が全員一致した意見。最高裁が法令を違憲としたのは戦後11件目。大法廷は、審査権について「国民主権の原理に基づいて憲法に明記された主権者の権能で、選挙権と同様の性質がある」と位置づけた。国は世界中に投票用紙を配る難しさについて主張したが、これまでの国政選挙の在外投票などを踏まえ、解消する手法が「ないとは断じがたい」と指摘。国に早期の是正を求めた。

盛り土の規制強化

　盛り土の安全対策を強化する改正宅地造成等規制法が2022年5月、成立した。23年5月までに施行される。

　21年7月に静岡県熱海市で起きた土石流被害を受けた改正。土地の用途にかかわらず、危険な盛り土に全国一律の基準で規制をかける。法律の名称も「宅地造成及び特定盛土等規制法」（通称・盛土規制法）に変更した。盛り土で人家などに被害が出る恐れがある区域を知事らが「規制区域」に指定。同区域での盛り土を許可制にする。また、土地所有者らが安全な状態を維持する責務を明確化し、必要な場合は所有者や施工者、過去の所有者らに対して是正措置などを命令できるようにした。

　盛り土は一律に規制する法律がなく、同法の規制対象も一定規模の工事に限られていた。

訪日外国人客、過去最少「24.5万人」

2021年に日本を訪れた外国人客（インバウンド）は、24万5862人（日本政府観光局調べ）だった。1年を通して新型コロナウイルスの感染拡大による入国制限が影響し、コロナ前の19年（3188万

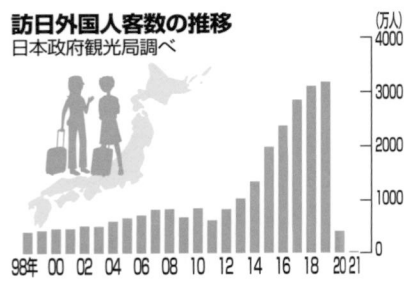

訪日外国人客数の推移
日本政府観光局調べ

2049人）と比べて99.2%減った。統計を取り始めた1964年以降最少となった。

観光目的の入国は、新型コロナの感染が拡大した20年3月から止まっていたため、入国者はビジネス目的や東京五輪関係者、技能実習生〔➡75ページ〕、留学生らがほとんどだった。政府は30年に訪日外国人客「6千万人」を目標に掲げている。

全国旅行支援

新型コロナで冷え込んだ経済を回復させるため、国が旅行代金を補助する新しい仕組み。代金の割引のほか旅先での買い物クーポン券がもらえて、鉄道や飛行機などの交通機関と宿泊がセットのツアーでは、1人1泊あたり最大1万1千円分が補助される。

2020年に実施された「Go To トラベル」は全国一斉に行う仕組みで、ある地域でコロナの感染状況に不安があると再開できなかった。全国旅行支援では、どこかで中断しても他の地域への旅行には補助を続けられるようにした。感染者の急増で22年7月前半の開始は延期され、10月から12月まで行われる。

東京23区、初の転出超過

　総務省が2022年1月に公表した住民基本台帳に基づく21年の人口移動報告で、東京23区は転出者の数が転入者数を1万4828人上回り、比較可能な14年以降で初めて「転出超過」になった。東京23区が転出超過になったのは、外国人を含む集計を始めた14年以前の統計で見ても、1996年以来となる。東京都全体では5433人の転入超過だった。

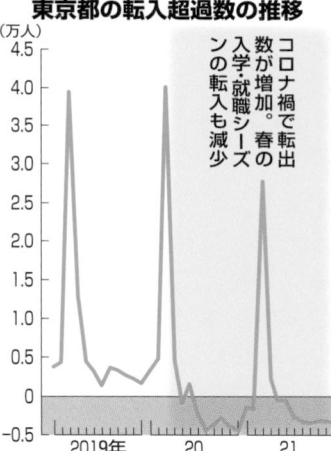

東京都の転入超過数の推移

コロナ禍で転出数が増加。春の入学・就職シーズンの転入も減少

（万人）
4.5
4.0
3.5
3.0
2.5
2.0
1.5
1.0
0.5
0
-0.5
2019年　20　21

　転入超過の都道府県別では神奈川、埼玉、千葉など10都府県。東京圏（東京、神奈川、埼玉、千葉）の周辺にあたる茨城、山梨、群馬が前年の転出超過から転入超過に転じた。

　背景には、新型コロナの感染拡大によるテレワーク〔●68ページ〕の浸透などで、東京都心部から郊外へと移る人が増えている可能性がある。

社会、マスコミ・広告

関連用語 **自治体の半数超が「過疎」に**

　2022年4月、過疎法に基づいて国が財政支援する「過疎自治体」の数が、全国の市町村の半分を超えた。過疎自治体が5割を超えるのは1970年の指定制度開始以降初めて。

　2020年度の国勢調査を受け、22年度から自治体の全域または一部が「過疎地域」に指定されたのは、全国1718市町村（東京23区を除く）の51.5%にあたる885市町村。21年4月時点では820市町村だったが、新たに27道府県の計65市町村が指定された。一方、過疎指定から外れる市町村はなかった。

ヤングケアラー

　大人の代わりに家事や介護といった家族の世話を担う子ども。2021年4月、厚生労働省が公立の中学2年生と全日制高校2年生を対象に初めて実施した全国調査で、中高生でおよそ20人に1人いることが明らかになった。中学2年で約5万5千人（5.7％）、高校2年で約4万2千人（4.1％）がヤングケアラーという計算になる。

　また、22年4月には、21年に小学6年生と大学3年生を対象に実施した調査で、小学6年生の15人に1人（6.5％）、大学3年生は16人に1人（6.2％）いることがわかった。小学生では長時間のケアが学校生活に影響し、大学生は就職とケアの両立に悩むなど、課題の変化も浮かび上がった。

同性婚訴訟、大阪地裁「合憲」判決

　同性どうしの結婚を認めていない民法や戸籍法の規定は憲法に違反するとして、同性カップル3組が国に損害賠償を求めた訴訟の判決で、大阪地裁は2022年6月、「憲法に違反しない」と判断した。

　大阪地裁は、「婚姻は、両性の合意のみに基いて成立」とした憲法24条1項の趣旨は、婚姻は当事者間の合意だけに委ねられるとした点だと指摘。ただ、英語の原案の「both sexes」を男女の趣旨で訳してできた経過があり、その後も「異性間でするものであることが当然の前提」だったとした。同性カップルが望み通りに婚姻できない「重大な影響」が生じているが、制度のあり方について議論が尽くされていない現段階では規定が違憲とはいえないとした。

　同種訴訟は全国5地裁で起こされている。札幌地裁は21年3月、規定を「違憲」としており、判断が分かれた格好だ。

LGBTQ＋

Lesbian（女性同性愛）▷ Gay（男性同性愛）▷ Bisexual（両性愛）▷ Transgender（生まれたときに区分された性別に違和感がある）▷ Questioning（自分の性別、好きになる相手の性別がわからない）の英語の頭文字を取った性的少数者の総称。実際には、Pansexual（好きになる相手の性別にとらわれない）やAsexual（性欲や性愛を感じない）などもあり、末尾に「＋（プラス）」をつけることも近年増えている。

性的少数者をめぐる理解増進法の成立を与野党合意に基づく議員立法でめざした。だが、「差別は許されない」などと盛り込むことに自民党内の保守系議員らから否定的な意見が相次ぎ、2021年通常国会での法案提出は見送られた。

知床観光船沈没事故

2022年4月、北海道斜里町の知床半島西部沖を航行中の観光船「KAZU Ⅰ」が沈没し、乗客・乗員計26人のうち9月までに19人の死亡が確認され、7人が行方不明になっている。船は斜里町の「知床遊覧船」が運航する小型観光船。世界遺産・知床半島の滝や野生動物を観察する計3時間のツアーの最中に事故が起きた。

原因は調査中だが、事故当日は天候悪化の予報が出ており、KAZU Ⅰの船長にそれを告げた地元関係者もいたが、知床遊覧船は「出航」の判断を変えなかった。事故を受け、国土交通省は6月、知床遊覧船の事業許可を取り消した。同社は、KAZU Ⅰが21年に2度の事故を起こしており、連絡体制や航行中の定点連絡の徹底など10項目について国から指導を受けていた。しかし、事故時も多くの安全管理規程違反が確認され、再び重大事故を起こす恐れが高いと判断した。

テレビ番組、ネット同時配信

　スマートフォンやパソコンで地上波の放送と同じ番組を見ることができる同時配信が2022年4月、本格的に始まった。キー局だけでなく、地方局も続々と参入している。

　インターネット通信を使った民放共通の配信プラットフォーム「TVer」で、無料で同時配信する。スマホの電波がつながる場所なら、放送波が届きにくい屋内や地下でも視聴できる。

　キー局による同時配信が地域を超えて広がると、地方での視聴率が下がって、連動して広告収入が減ることや、著作権などの権利処理、対応するためのコストと採算面など、実現に向けて、様々なハードルがあった。しかし、世代を超えて増えるスマホのネット利用に対応したり、テレビ離れが進む若年層対策としてテレビ番組に親しむ場をつくったりするために、同時配信の実現は待ったなしの状況だった。

　総務省の調査では、英仏独や韓国などの公共放送が同時配信をしている。日本でもNHKが20年春から受信契約世帯向けに「NHKプラス」を始めており、もはや同時配信は避けられないというのが実情だ。

関連用語 (平日のネット時間、テレビを逆転)

　平日にインターネットを使う時間はテレビを生で見る時間より長いことが、総務省の調査でわかった。2020年度の調査結果によると、12年の調査開始以来初めてネットが逆転した。

　全国の13〜69歳の男女1500人を対象に、2回目の緊急事態宣言が首都圏などで出ていた21年1月に調査した。平日のネットの利用時間は平均168.4分で、テレビを生で視聴する163.2分を上回った。録画視聴の20.2分を加えればテレビのほうが長いものの、ネットは前年比42.2分増と急増している。

放送事業者の外資規制

　放送法と電波法は、放送事業者に対して社会的影響力など
を理由に、外国人株主の議決権比率を20％未満にすること
を義務づけている。限られた電波の周波数を自国の事業者に
優先する目的や、外国人が大株主になって放送内容をゆがめ
てしまうことを防ぐ狙いがある。

　2021年に東北新社やフジ・メディア・ホールディングスで
相次いで違反が発覚したことから、監視体制を強化する改正
放送法・電波法が22年6月に成立した。外国人株主の議決権
比率に変更があった場合、総務省への速やかな届け出を義務
づけた。一方、事業者の違反を総務省が把握した場合、これ
までは直ちに免許や認定を取り消さなければならなかった
が、例外を設けた。一定の猶予期間を設けて適切に是正させ
る制度を導入する。22年度内をめどに施行される。

AMラジオのFM転換

　全国の民間AMラジオ47局のうち、北海道と秋田県の局
を除く44局は、2028年秋までにFMラジオ局への転換をめざ
している。

　AM波はビル壁などに弱く、都市部での難聴が問題化した
ことや、送信所の水害などへの備えも不十分だとの指摘から、
より簡易な設備で放送できるFM波との併用であるFM補完
放送（ワイドFM）が14年から始まった。だが、AM局の営
業収入が減少する中、AMとFMの二重負担や、FMより高
い設備更新費などが負担だった。

　総務省は制度を改めてAM局のFM放送への一本化を可
能にし、23年にもAM停波の実証実験を始める方針。FM波
が届かない山間地域への対応が課題となる。

ネット広告、シェア４割に迫る

　広告大手の電通によると、2021年のインターネット広告費は21.4％増の２兆7052億円となった。記録が残る1996年以降で初めて、テレビ・新聞・雑誌・ラジオの「マスコミ４媒体」の合計（２兆4538億円）を超え、ネット広告費が総広告費に占める割合は、39.8％に高まった。YouTubeなどの動画配信サービスの広がりを背景に、特に動画広告が伸びたという。

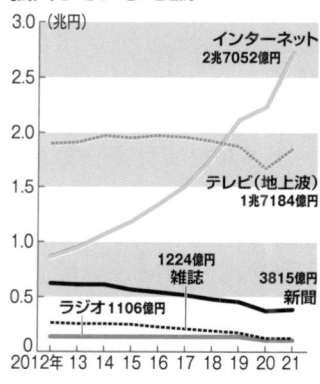

国内広告費はネットの優勢が拡大している 電通調べ

インターネット 2兆7052億円
テレビ（地上波） 1兆7184億円
1224億円 雑誌
3815億円 新聞
ラジオ1106億円

2012年 13 14 15 16 17 18 19 20 21

　マスコミ４媒体がネット以外から得た広告費はいずれも前年を超え、テレビは11.1％増と大きく回復した。４媒体がネット経由で得たデジタル広告費は1061億円で、初めて１千億円を超えた。

　国内広告費全体では、前年比10.4％増の６兆7998億円で、２年ぶりの増加となった。コロナ禍からの経済復調や東京五輪・パラリンピック開催も背景に、コロナ前の19年（６兆9381億円）に迫る水準まで回復した。

関連用語（　**アドフラウド（広告詐欺）**　）

　ITを悪用して、ネット広告を出す企業から広告費をだましとろうとする不正行為を指す。利用者が広告を見ていないにもかかわらず、見たように装って広告費を詐取するため、広告効果が失われる。人の代わりに自動で繰り返し作業する「bot」と呼ばれるプログラムを使って、広告の表示数やクリック数を増やす手口が代表的だ。世界広告主連盟が2016年に公表した報告では、アドフラウドの被害額は25年までに世界で年500億ドルにのぼると推測されている。

ニュース対価の支払い

　オーストラリア議会は2021年2月、巨大IT企業のグーグルやフェイスブック（現メタ）を念頭に、ネット上でニュースを表示する際、報道機関への対価の支払いを義務づける法案を可決した。オーストラリア政府によると、義務化する法律は世界初で、検索サイトやSNSがニュースを表示して多額の広告料収入を得ているのに、対価を支払っていないことを問題視している。

　カナダ政府も22年4月、同様の法案を公表。フランスなど欧州でも対価を求める動きがある。

紙の書籍、販売額15年ぶりに増加

　出版科学研究所によると、2021年の紙の書籍は前年比2.1%増の6804億円となり、06年以来の増加に転じた。書籍が伸びた要因として、ヒット作に恵まれた文芸書や児童書の好調、書籍の価格上昇、返品率の改善があるという。紙の市場規模（書籍と雑誌の合計）は1兆2080億円で、同1.3%減だった。

紙の出版市場と電子出版市場の合計
出版科学研究所調べ

　紙と電子を合わせた出版市場規模（推定販売金額）は、同3.6%増の1兆6742億円となり、3年連続のプラス成長だった。電子の市場規模は4662億円で、同18.6%増と大きく成長した。出版市場全体で電子が占める割合は27.8%と3割に迫る。中でも電子コミックは同20.3%増の4114億円で、電子の中でコミックが占める割合は88.2%にのぼった。

スポーツ、社会、マスコミ・広告

☑ チェックドリル

Question	Answer
□**1** 2022年4月に、プロ野球史上最年少で完全試合を達成した投手は誰か。	1 佐々木朗希
□**2** 2022年8月に5打席連続本塁打を放ち、プロ野球記録を更新したのは誰か。	2 村上宗隆
□**3** 2022年2月の北京五輪で、日本は金銀銅合わせて何個のメダルを獲得したか。	3 18個
□**4** フィギュアスケート男子で五輪2連覇を果たし、2022年7月にプロ転向を表明したスケート選手は誰か。	4 羽生結弦
□**5** 2030年冬季五輪の開催都市に立候補している日本の都市はどこか。	5 札幌市
□**6** 第104回全国高校野球選手権大会で、東北勢として初めて優勝した高校はどこか。	6 仙台育英
□**7** 2022年8月にエンゼルス・大谷翔平が達成した「2桁勝利・2桁本塁打」を1918年に成し遂げていたのは誰か。	7 ベーブ・ルース
□**8** 2022年7月に開かれたテニスのウィンブルドン選手権で優勝し、生涯ゴールデンスラムを達成したのは誰か。	8 国枝慎吾

☐**9** 2022年11月に開幕するサッカーワールドカップの開催国はどこか。

9 カタール

☐**10** 2022年6月に日本人初の3団体統一王者となったプロボクサーは誰か。

10 井上尚弥

☐**11** 東京電力福島第一原子力発電所の事故をめぐる株主代表訴訟で、東京地裁は2022年7月、東電の元会長ら4人にいくら支払うよう命じたか。

11 13兆3210億円

☐**12** 2022年4月、改正民法の施行により、成人年齢は何歳となったか。

12 18歳

☐**13** 2022年4月に施行された改正少年法により、罪を犯した18、19歳は何として扱われるか。

13 特定少年

☐**14** 2022年7月に改正法が施行された、侮辱罪を厳罰化した法律を何というか。

14 刑法

☐**15** インターネット上で誹謗中傷の投稿をした人を特定しやすくするため、2022年10月に改正法が施行された法律は何か。

15 プロバイダー責任制限法

☐**16** 2022年6月成立の改正刑法で、懲役刑と禁錮刑を一本化して新たにつくられた刑罰を何というか。

16 拘禁刑

Question	Answer
☐**17** 最高裁大法廷が2022年5月、海外の日本人が投票できないのは「違憲」との判断を示した、最高裁判所裁判官の罷免を有権者が投票で審査する制度を何というか。	17 国民審査
☐**18** 最高裁が法令を違憲としたのは、**17**で戦後何件目となるか。	18 11件目
☐**19** 2021年に日本を訪れた外国人客は、何人だったか。	19 24万5862人
☐**20** 総務省が2022年1月に公表した住民基本台帳に基づく21年の人口移動報告で、初めて転出超過となったのはどこか。	20 東京23区
☐**21** 大人の代わりに家事や介護といった家族の世話を担う子どもを何というか。	21 ヤングケアラー
☐**22** 放送法と電波法は、外国人株主の議決権比率を何%未満にすることを義務づけているか。	22 20%
☐**23** 広告大手・電通の調べでは、2021年のインターネット広告費が総広告費に占める割合は何%か。	23 39.8%
☐**24** ITを悪用して、ネット広告を出す企業から広告費をだましとろうとする不正行為を何というか。	24 アドフラウド（広告詐欺）

144

必須の一般常識

就職試験で一般常識として出題されそうな問題を
「社会」「国語」「英語」「数学・理科」「文化・スポーツ」に
分けて構成しています。

まず、それぞれのジャンルごとに覚えておきたいキーワ
ードや公式等をまとめています。
続いて、必要な知識がスピーディーに確認できるよう
一問一答形式の設問を出題しています。

社会

政治

●**国民の三大義務**：教育、勤労、納税　●**基本的人権**：平等権、自由権、参政権、社会権　●**三権分立**：立法権、行政権、司法権　●**国会**：国権の最高機関／法案・予算・決算の審議・議決、内閣総理大臣の指名、国政調査権、弾劾裁判所／通常国会、特別国会、臨時国会、緊急集会（参議院）／両院協議会／衆議院に予算先議権、内閣不信任の決議　●**内閣**：行政の最高機関／内閣総理大臣と国務大臣はすべて文民／内閣総理大臣は国会議員の中から選出、国務大臣は内閣総理大臣が任命（その過半数は国会議員）／議案提出権、衆議院の解散権、最高裁長官の指名、天皇の国事行為への助言と承認　●**裁判所**：最高裁判所、高等裁判所、地方裁判所、簡易裁判所、家庭裁判所／刑事裁判、民事裁判、行政裁判／三審制／違憲立法審査権　●**地方自治**：住民自治、団体自治／普通地方公共団体、特別地方公共団体

☑ チェックドリル

Question	Answer
□**1** 立法、行政、司法の三権をたがいに牽制（けんせい）させ、国民の政治的自由を保障する仕組みを何というか。	1 三権分立制
□**2** 立法府を二つの議会で構成する制度を何というか。	2 二院制（両院制）
□**3** 日本国憲法の三大原則は、国民主権、平和主義とあと一つは何か。	3 基本的人権の尊重
□**4** 日本国憲法第1章第1条で、天皇は「日本国民統合の」何と位置づけられているか。	4 象徴

Question	Answer
□**5** 衆議院議員の任期は何年か。	5 4年
□**6** 参議院議員の任期は何年か。	6 6年
□**7** 参議院議員の半数を改選する選挙は何年ごとに行われるか。	7 3年
□**8** 現在、参議院で合区が導入されているのは「鳥取・島根」ともう一つはどこか。	8 徳島・高知
□**9** 国会議員や地方議員及び首長の選挙制度について定めた法律を何というか。	9 公職選挙法
□**10** 現行の選挙区制のうち、1選挙区から当選者が1人しか出ない制度を何というか。	10 小選挙区制
□**11** 各政党の得票率に比例して議席配分を行う選挙制度を何というか。	11 比例代表制
□**12** 政党や政治団体に政治資金の収支報告を義務づけている法律は何か。	12 政治資金規正法
□**13** 地方公共団体が自治立法権に基づき、議会の議決を経て定める自治法を何というか。	13 条例
□**14** 国政に関する調査の関連で、証人を国会に呼んで尋問することを何というか。	14 証人喚問
□**15** **14**の手続きや、証人の証言方法について定めた法律を何というか。	15 議院証言法

社会

Question	Answer
□**16** 予算の先議権があるのは衆議院と参議院のどちらか。	16 衆議院
□**17** 参議院の総定数はいくつか。	17 248
□**18** 国会の種類は三つある。通常国会（常会）とあと二つは何か。	18 臨時国会（臨時会）、特別国会（特別会）
□**19** 毎年1回、1月に召集される国会を何というか。	19 通常国会（常会）
□**20** **19**の会期は何日間か。	20 150日間
□**21** 衆議院が解散し、総選挙が行われた後に召集される国会を何というか。	21 特別国会（特別会）
□**22** 衆議院議員の任期満了による総選挙後に召集される国会を何というか。	22 臨時国会（臨時会）
□**23** 罷免の訴追を受けた裁判官を裁判する国会の機関を何というか。	23 弾劾裁判所
□**24** 国会で多数を占める政党が内閣を組織する仕組みを何というか。	24 議院内閣制
□**25** 国務大臣のうち、国会議員でなければならない大臣の割合はどのくらいか。	25 過半数
□**26** 国務大臣の任命や罷免の権利があるのは誰か。	26 内閣総理大臣

Question	Answer
27 日本国憲法で、内閣は行政権の行使についてどの機関に対して連帯責任を負うとされているか。	27 国会
28 内閣において、総理大臣以外の国務大臣も文民でなければならないことを何というか。	28 文民統制（シビリアンコントロール）
29 自国が攻撃されていない場合でも、密接な関係にある他国が攻撃を受けた時に自国への攻撃とみなして実力で阻止する権利を何というか。	29 集団的自衛権
30 衆議院で内閣不信任案が可決された場合、内閣が10日以内に行わなければならないことは何か。	30 衆議院の解散か内閣総辞職
31 安倍内閣が2014年4月に閣議決定した、武器輸出三原則に代わる新たな武器輸出に関する原則は何か。	31 防衛装備移転三原則
32 地方公共団体の住民が特定の事項について、投票で直接、意思表示をすることを何というか。	32 住民投票
33 日本の裁判の種類は3種類ある。刑事裁判とあと二つは何か。	33 民事裁判、行政裁判
34 憲法に定める三大義務とは、子どもに教育を受けさせる義務とあと二つは何か。	34 勤労の義務、納税の義務

社会

経済

<キーワード>

●**経済主体**:企業、家計、政府　●**国民所得の三面等価の原則**:
生産国民所得＝分配国民所得＝支出国民所得／国民総生産
(GNP)、国内総生産 (GDP)、国民純生産 (NNP) ／経済成長
率 (GDPの伸び率) ／インフレ／デフレ　●**景気循環**:コン
ドラチェフの波、ジュグラーの波、キチンの波／均衡価格 (需
要曲線と供給曲線の交点における価格) ／価格の自動調節作用
(機能) ／寡占市場／管理価格／プライスリーダー　●**金融**:
直接金融、間接金融　●**通貨制度**:金本位制、管理通貨制度
●**貨幣の機能**:交換 (流通) 手段、価値尺度、価値貯蔵手段
●**中央銀行**:発券銀行、銀行の銀行、政府の銀行、金融政策の
実施　●**金融政策**:公定歩合 (金利) 政策、公開市場操作、支
払 (預金) 準備率操作　●**財政**:歳入、歳出／直接税、間接税

☑ チェックドリル

Question	Answer
□**1** 経済成長率とは、一定期間における何の伸び率をいうのか。	1 国内総生産 (GDP)
□**2** **1**に海外からの純所得を加えたものを何というか。	2 国民総生産 (GNP)
□**3** 一国の一定期間に生産された付加価値の合計を何というか。	3 国民所得
□**4** **3**は三つの面からとらえられる。生産国民所得、分配国民所得と、あと一つは何か。	4 支出国民所得

Question	Answer
☐**5** 三つの面からとらえた国民所得はすべて等しい。これを何の原則というか。	5 三面等価の原則
☐**6** 物価が持続的に上昇する状態を何というか。	6 インフレーション（インフレ）
☐**7** 先物取引やスワップ取引、オプション取引などの金融派生商品のことを何というか。	7 デリバティブ
☐**8** 取引所で企業の株式を公開したり、特定の商品を売買できるようにしたりすることを何というか。	8 上場
☐**9** 1年未満の期間で資金が貸し借りされる金融市場のことを何というか。	9 短期金融市場
☐**10** 貸し手の資金が銀行などの金融機関を経て借り手に融通される金融方法を何というか。	10 間接金融
☐**11** 中央銀行および市中金融機関から供給される一国の通貨供給量を何というか。	11 マネーストック
☐**12** 11の中に含まれるCDとは何か。	12 譲渡性預金
☐**13** 11が過剰になると、デフレとインフレ、どちらになる危険性が高いか。	13 インフレ
☐**14** 景気が停滞した状態で物価だけが上昇する現象を何というか。	14 スタグフレーション

社会

153

☑ チェックドリル

Question	Answer

□15 中央銀行が公開市場操作として市場で公社債や手形などを買うことを何というか。

15 買いオペレーション

□16 日本銀行の最高意思決定機関は何か。

16 政策委員会

□17 特定企業や業界が自由な競争を阻害する行為をしないように監視する組織を何というか。

17 公正取引委員会

□18 紙幣は日本銀行が発行しているが、貨幣はどこ（の官庁）で発行しているか。

18 財務省

□19 銀行の三つの大きな機能は、金融仲介機能、信用創造機能とあと一つは何か。

19 決済機能

□20 日本の官庁で、民間金融機関の検査、金融制度の企画などを行う省庁はどこか。

20 金融庁

□21 日経平均株価と並び日本の2大株価指数であるTOPIXの正式名称は何というか。

21 東証株価指数

□22 企業のCEOとは、日本語で何というか。

22 最高経営責任者

□23 企業やその事業部門を買収し、合併することを、英語の略称で一般に何というか。

23 M&A

□24 三つの経済主体とは、家計（消費者）、企業とあと一つは何か。

24 政府

□25 需要曲線と供給曲線の交点における価格を何というか。

25 均衡価格

Question	Answer
26 一般的な意味での需要ではなく、購買力の裏づけがある需要を何というか。	26 有効需要
27 特定の国や地域の間での貿易や人の移動、経済協力などに関する取り決めで、自由貿易協定(FTA)よりも幅広い分野で共通ルールを定める協定を何というか。	27 経済連携協定 （EPA）
28 国の収入を何というか。	28 歳入
29 国が資金を調達する目的で発行する債券を何というか。	29 国債
30 企業が経営や事業活動を行う際、法令や社会規範・倫理を守ることを何というか。	30 コンプライアンス （法令順守）
31 税の負担者と納税義務者が一致する税を何というか。	31 直接税
32 税の負担者と納税義務者が一致しない税を何というか。	32 間接税
33 日本の消費税は**31**と**32**のどちらであるか。	33 32の間接税
34 所得税のように、高額所得者ほど税率が高くなる課税の方法を何というか。	34 累進課税
35 企業の利益ではなく、建物の面積や従業員数など事業規模に応じてかかる法人事業税を何というか。	35 外形標準課税

社会

国際

●**国際分業**：水平的分業、垂直的分業　●**貿易**：自由貿易主義、保護貿易主義（フリードリッヒ・リスト）／国際通貨基金（IMF）／世界貿易機関（WTO）／環太平洋経済連携協定（TPP）　●**地域経済化**：欧州連合（EU）、東南アジア諸国連合（ASEAN）、米・メキシコ・カナダ協定（USMCA）／モノカルチャー経済／政府の途上国援助（ODA）／世界銀行　●**国際連合（UN）**：安全保障理事会（常任理事国：米英仏ロ中）、信託統治理事会、経済社会理事会、国際司法裁判所（ICJ）／国連平和維持活動（PKO）、国連平和維持軍（PKF）　●**国連専門機関**：ユネスコ、ユニセフ／国際原子力機関（IAEA）／部分的核実験禁止条約（PTBT）、核不拡散条約（NPT）、包括的核実験禁止条約（CTBT）

☑ チェックドリル

Question	Answer
□**1** 国際収支は、大別すると二つの収支から成り立っている。それは何か。	1 経常収支、資本収支
□**2** 経常収支のうち、商品の輸出入にかかわる収支のことを何というか。	2 貿易収支
□**3** 自由貿易主義に対し、保護関税を設けて輸入制限をすべきとする考え方を何というか。	3 保護貿易主義
□**4** 円高のとき、輸出価格は上昇するのか下落するのか。	4 上昇する
□**5** 円安のとき、輸入価格は上昇するのか下落するのか。	5 上昇する

Question	Answer
☐**6** 国と国との貿易によって生じる債権・債務を決済する手段を何というか。	6 外国為替
☐**7** 一国の通貨と他国の通貨の交換比率を何というか。	7 為替レート（外国為替相場）
☐**8** 為替相場の安定を図るため、1945年に設立された国際通貨基金の略称は何か。	8 IMF
☐**9** 自由貿易の推進と貿易紛争の調停を目的とする世界貿易機関の略称は何か。	9 WTO
☐**10** 1985年にG5がドル高是正のため外国為替市場への協調介入を決めたときの合意を何というか。	10 プラザ合意
☐**11** 🔟の合意によって日本にはどんな影響があったか。	11 円高不況が起きた
☐**12** 主要国首脳会議の通称は何か。	12 サミット
☐**13** 1993年に発足した欧州連合の略称は何か。	13 EU
☐**14** ASEANは日本語でいうと何の略称か。	14 東南アジア諸国連合
☐**15** USMCAに加盟する3カ国はどこか。	15 米国、カナダ、メキシコ
☐**16** 発展途上国の間にある経済格差の問題は何と呼ばれているか。	16 南南問題

社会

Question	Answer
☐**17** 発展途上国に多い、生産や輸出を特定の一次産品に依存する経済を何というか。	17 モノカルチャー経済
☐**18** BRICSと呼ばれる主要新興国は、ブラジル、ロシア、インド、中国とあと一つはどこか。	18 南アフリカ
☐**19** 2008年9月の米証券会社の経営破綻をきっかけとした世界的な景気後退を何というか。	19 リーマン・ショック
☐**20** 各国の為替相場の安定と資本移動の自由化の推進や、世界貿易や経済の発展を支援する国際機関を何というか。	20 国際通貨基金（IMF）
☐**21** 国際司法裁判所がある国はどこか。	21 オランダ
☐**22** 2022年10月現在の国連事務総長は誰か。	22 アントニオ・グテーレス
☐**23** 国連の安全保障理事会非常任理事国の数は何カ国か。	23 10カ国
☐**24** 国連の安全保障理事会常任理事国は、米国、英国、ロシアとあと2カ国はどこか。	24 フランス、中国
☐**25** 国連総会での重要事項の議決には、加盟国のうち、どのくらいの賛成が必要か。	25 3分の2以上
☐**26** 停戦監視や選挙監視などの監視活動、国連平和維持軍（PKF）の展開などをする国連の活動を何というか。	26 国連平和維持活動（PKO）

Question	Answer
☐**27** 国際的な情報交換、成人教育の振興、文化遺産の保護活動などを行う国連の機関を何というか。	27 国連教育科学文化機関（ユネスコ）
☐**28** 迫害や紛争によって故郷を追われた人々を人道的見地から支援する国連の機関は何か。	28 国連難民高等弁務官事務所（UNHCR）
☐**29** 第2次世界大戦後間もなく、米国や西欧諸国が結成した集団安全保障機構は何か。	29 北大西洋条約機構（NATO）
☐**30** 1963年に米国、英国、ソ連によって結ばれた地下核実験以外の核実験を禁止した条約は何か。	30 部分的核実験禁止条約（PTBT）
☐**31** 原子力の軍事転用を防ぐため、イランや北朝鮮の核査察を行った国際的な専門機関は何か。	31 国際原子力機関（IAEA）
☐**32** 米国、英国、フランス、ロシア、中国以外が核兵器を保有することを禁止する条約は何か。	32 核不拡散条約（NPT）
☐**33** 国連海洋法条約に基づき、海に面した国の経済的な主権が及ぶ範囲を何というか。	33 排他的経済水域（EEZ）
☐**34** 領土権の確定といった国家間の訴訟事件の裁判などを行う国連の機関は何か。	34 国際司法裁判所（ICJ）
☐**35** 2014年に、ロシアが一方的に編入することを宣言した地域はどこか。	35 クリミア半島

社会

159

社会

<キーワード>

公判前整理手続き／情報リテラシー／情報技術（IT）／ソーシャルメディア／男女雇用機会均等法／女子差別撤廃条約／男女共同参画社会／パワハラ／セクハラ／消費者庁／高年齢者雇用安定法／リストラ／不良債権／規制緩和／悪徳商法／消費者主権／クーリングオフ制度／製造物責任（PL）法／環境問題／少子化／健康増進法／国勢調査／超高齢社会／社会保障（社会保険、社会福祉、公的扶助、公衆衛生）／社会保険（医療保険、年金保険、雇用保険、労働者災害補償保険、介護保険）／バリアフリー／労働三法（労働基準法、労働組合法、労働関係調整法）／非正規雇用／サービス残業／再審制度／検察審査会

☑ チェックドリル

Question	Answer
□**1** 審理期間を短縮するため、初公判前に検察側と弁護側が主張や証拠を示し合って争点を絞り込む司法手続きを何というか。	1 公判前整理手続き
□**2** 情報通信機器の操作能力、または情報そのものを使いこなす能力を何というか。	2 情報リテラシー
□**3** 全人口に対し、65歳以上の人口が21％超を占める社会を何というか。	3 超高齢社会
□**4** 介護が必要な高齢者を社会全体で支えるため2000年に施行された法律は何か。	4 介護保険法
□**5** 4の法律に基づいて、介護サービス計画を作成する専門家を何というか。	5 介護支援専門員（ケアマネジャー）

□**6** 生産年齢人口とは何歳から何歳までの人口をいうか。

6 15歳から64歳

□**7** 人口や世帯構成などの把握を目的に5年ごとに行われる全国的な調査は何か。

7 国勢調査

□**8** 1947〜49年のベビーブームの時期に生まれた人たちは何と呼ばれているか。

8 団塊の世代

□**9** 男女の雇用および待遇の平等実現をめざして1986年に施行された法律は何か。

9 男女雇用機会均等法

□**10** 産業優先の行政から生活者重視に転換を図るために、2009年9月に発足した消費者行政を一元的に担う中央官庁はどこか。

10 消費者庁

□**11** 65歳まで働きたい人全員の雇用確保を企業に義務づけた法律は何か。

11 高年齢者雇用安定法

□**12** 2020年に改正法が全面施行された、受動喫煙対策を強化した法律は何か。

12 健康増進法

□**13** 日本の社会保障制度の四つの柱は、社会保険、社会福祉、公的扶助とあと一つは何か。

13 公衆衛生

□**14** 日本の社会保険の種類は、医療、年金、雇用、介護とあと一つは何か。

14 労働者災害補償保険（労災保険）

□**15** 国民の中から抽選で選ばれた裁判員と裁判官が一緒に判決を決める制度を何というか。

15 裁判員制度

社会

☑ チェックドリル

Question	Answer
□**16** 日本で1961年から続いてきた、全国民が公的医療保険制度に加入することを何というか。	16 国民皆保険
□**17** 日本の労働三法といわれるのは、労働基準法、労働関係調整法とあと一つは何か。	17 労働組合法
□**18** 訪問販売などでの売買契約を、一定期間であれば無条件で解除できる制度は何か。	18 クーリングオフ
□**19** 冤罪防止のため、判決確定後の救済手続きとして刑事訴訟法に定められている制度は何か。	19 再審制度
□**20** くじで選ばれた11人の市民が、検察官の不起訴処分が妥当だったかどうかを審査する仕組みを何というか。	20 検察審査会
□**21** 容疑者や被告が他人の犯罪を明らかにすると、検察官が起訴を見送ったり、求刑を軽くしたりする制度を何というか。	21 司法取引
□**22** 2016年4月に施行された、障害を理由とした差別の禁止を国や自治体と民間事業者に義務づけた法律は何か。	22 障害者差別解消法
□**23** 2020年6月施行の改正道路交通法で新たに罪と定められた「通行を妨害する目的で、交通の危険の恐れがある方法による一定の違反をする行為」を何というか。	23 あおり運転

歴史

キーワード

●四大文明：メソポタミア、エジプト、黄河、インダス　●ギリシャ文明：ヘレニズム文化／アレキサンダー大王／ローマ帝国／シルクロード／ルネサンス　●大航海時代：コロンブス、バスコ・ダ・ガマ、マゼラン　●宗教改革：ルター、カルバン　●市民革命：清教徒革命、名誉革命（ともにイギリス）、アメリカ独立宣言、フランス革命／産業革命／第1次世界大戦／第2次世界大戦　●原始・古代：縄文時代／弥生時代／邪馬台国／大化の改新　●奈良時代：聖武天皇　●平安時代：摂関政治、院政　●鎌倉時代：源頼朝、元寇　●室町時代：足利尊氏、応仁の乱　●安土桃山時代：織豊政権　●江戸時代：徳川家康、三大改革（享保、寛政、天保）　●明治維新以降：廃藩置県／日清戦争／日露戦争／大正デモクラシー／太平洋戦争／サンフランシスコ講和会議

☑ チェックドリル

Question	Answer
□1 流域に古代メソポタミア文明が栄えた二つの川の名称は何か。	1 チグリス川、ユーフラテス川
□2 ローマ帝国が東西に分裂したのは何世紀か。	2 4世紀
□3 国号を元とし、南宋を滅ぼして中国を統一したモンゴルの指導者は誰か。	3 フビライ・ハン
□4 14〜16世紀にイタリアを中心に欧州で展開された学問・芸術の革新運動を何というか。	4 ルネサンス

社会

☑ チェックドリル

Question	Answer
□**5** イグナティウス・デ・ロヨラらが宗教改革に対抗して設け、海外布教に努めた組織を何というか。	5 イエズス会
□**6** 米国の初代大統領は誰か。	6 ジョージ・ワシントン
□**7** 清が降伏したため、イギリスに香港を割譲することとなった戦争を何というか。	7 アヘン戦争
□**8** 1930年代に米国のフランクリン・ルーズベルト大統領が行った恐慌対策を何というか。	8 ニューディール政策
□**9** 第2次世界大戦終結のため、日本に無条件降伏を求めて発せられた宣言は何か。	9 ポツダム宣言
□**10** 朝鮮戦争の休戦ラインを何というか。	10 軍事境界線
□**11** 16世紀、スペインの無敵艦隊がイギリス艦隊に敗れた海戦は何と呼ばれるか。	11 アルマダの海戦
□**12** 仁徳陵古墳（大山古墳）は、何と呼ばれる形態の古墳か。	12 前方後円墳
□**13** 672年に起きた壬申の乱は、大海人皇子と誰との争いであったか。	13 大友皇子
□**14** 日本で最初に制定された律令を何というか。	14 大宝律令
□**15** 平安時代に摂関政治の全盛期を築き、御堂関白と呼ばれた人物は誰か。	15 藤原道長

□**16** 唐で学んだ最澄が帰国して開いた宗派を何というか。

16 天台宗

□**17** 鎌倉時代に、後鳥羽上皇が朝廷政治の復活を図って起こした反乱を何というか。

17 承久の乱

□**18** 元寇のときの鎌倉幕府の執権は誰か。

18 北条時宗

□**19** 室町幕府の最後の将軍は誰か。

19 足利義昭

□**20** 享保の改革を主導した将軍は誰か。

20 徳川吉宗

□**21** 日本にキリスト教が伝来したのは何年か。

21 1549年

□**22** 1867年、徳川慶喜は政権を朝廷に返した。このことを何というか。

22 大政奉還

□**23** 明治時代に内閣制度が発足したとき、初代首相となったのは誰か。

23 伊藤博文

□**24** 日清戦争の講和条約は何という条約か。

24 下関条約

□**25** 日露戦争の講和条約は何という条約か。

25 ポーツマス条約

□**26** 1951年のサンフランシスコ講和条約調印式に出席した日本の首相は誰か。

26 吉田茂

□**27** 沖縄返還の実現や、非核三原則でノーベル平和賞を受賞した日本の元首相は誰か。

27 佐藤栄作

社会

地理

●**六大陸**：ユーラシア、アフリカ、北アメリカ、南アメリカ、南極、オーストラリア ●**三大洋**：太平洋、インド洋、大西洋 ●**造山帯**：アルプス・ヒマラヤ造山帯、環太平洋造山帯 ●**海底地形**：大陸棚、海溝、海淵 ●**大気の循環**：貿易風、偏西風 ●**地方風**：熱風、フェーン、ブリザード、熱帯低気圧 ●**海流**：暖流、寒流／エルニーニョ現象、ラニーニャ現象 ●**気候の三大要素**：気温、風、降水 ●**気候**：大陸性気候、海洋性気候／熱帯（熱帯雨林気候、サバナ気候）、乾燥帯、温帯（地中海性気候、西岸海洋性気候）、冷帯（亜寒帯）、寒帯（ツンドラ気候、氷雪気候）／時差（経度15度ごとに１時間）／日本の東端（東京・南鳥島）、西端（沖縄・与那国島）、南端（東京・沖ノ鳥島）、北端（北海道・択捉島）／フォッサマグナ

✔ チェックドリル

Question	Answer
□**1** 地球の六大陸とは、アフリカ、北アメリカ、南アメリカ、オーストラリア、南極と何か。	1 ユーラシア
□**2** 地球の三大洋とは、太平洋、大西洋とあと一つは何か。	2 インド洋
□**3** 世界で最も面積の広い湖はどこか。	3 カスピ海
□**4** 大陸棚とは、大陸のまわりの、深さがおよそ何mまでの海底のことをいうのか。	4 約200m
□**5** 地球の造山帯は、アルプス・ヒマラヤ造山帯とあと一つは何か。	5 環太平洋造山帯

Question	Answer
6 地球の陸と海の面積比は何対何か。	6 3（陸）：7（海）
7 平年に比べ、ペルー沖の海面水温の低い状態が1年程度続く現象を何と呼ぶか。	7 ラニーニャ現象
8 地球の低緯度から高緯度に流れる海流を何というか。	8 暖流
9 五つの気候区分とは、熱帯、温帯、寒帯のほか、あと二つは何か。	9 乾燥帯、冷帯（亜寒帯）
10 地中海沿岸に分布している、石灰岩が母岩となってできた赤褐色の土壌を何というか。	10 テラロッサ
11 モンスーンとは日本語でいうと何のことか。	11 季節風
12 雨期と乾期がはっきり分かれるアフリカなどに分布する気候を何というか。	12 サバナ（サバンナ）気候
13 最暖月の平均気温がセ氏0～10度という北極海沿岸部やグリーンランド沿岸部などに分布する気候を何というか。	13 ツンドラ気候
14 熱帯・亜熱帯地方で、コーヒーや綿花などの単一作物を栽培する大農園を何というか。	14 プランテーション
15 北大西洋または北東太平洋で発生する最大風速33m／秒以上の熱帯低気圧は何と呼ばれるか。	15 ハリケーン

社会

Question	Answer
□**16** オランダにあるロッテルダム港は、通称では何と呼ばれるか。	16 ユーロポート
□**17** アフリカ大陸とアラビア半島の間にある細長い海を何というか。	17 紅海
□**18** 日本の最西端はどこか。	18 与那国島（沖縄県）
□**19** 日本の最南端はどこか。	19 沖ノ鳥島（東京都）
□**20** 日本列島の本州中央部を南北に縦断する地溝帯のことを何というか。	20 フォッサマグナ
□**21** 日本で最も長い川はどこか。	21 信濃川
□**22** 日本で最も面積が小さい県はどこか。	22 香川県
□**23** 本州と北海道の間の海峡を何というか。	23 津軽海峡
□**24** 伊勢湾に面している県はどことどこか。	24 愛知県、三重県
□**25** 山口県の秋吉台のように石灰岩などが水に浸食されてできた地形を何というか。	25 カルスト台地
□**26** 日本で発電量が最も多いのは、火力発電、水力発電、原子力発電のうちどれか。	26 火力発電
□**27** 京浜、東海、中京、阪神、瀬戸内、北九州にかけて帯状に連なる工業地帯を何というか。	27 太平洋ベルト地帯

国語

漢字

キーワード

●覚えておきたい難読漢字

造詣（ぞうけい）／罹災（りさい）／訝る（いぶかる）／従容（しょうよう）／虚空（こくう）／因業（いんごう）／辟易（へきえき）／草鞋（わらじ）／一縷（いちる）／矜持（きょうじ）／訥弁（とつべん）／回向（えこう）／寡聞（かぶん）／相好（そうごう）／仄聞（そくぶん）／乖離（かいり）／出色（しゅっしょく）／更迭（こうてつ）／好事家（こうずか）／庫裏（くり）／僥倖（ぎょうこう）／名利（めいり）／朱鷺（とき）／蔑む（さげすむ）／鳩尾（みぞおち）／固唾（かたず）／忌憚（きたん）／汎用（はんよう）／殺陣（たて）／凡例（はんれい）／上梓（じょうし）／薪能（たきぎのう）／忖度（そんたく）／斟酌（しんしゃく）／綻ぶ（ほころぶ）／敷設（ふせつ）／詮索（せんさく）／斡旋（あっせん）／出納（すいとう）／相殺（そうさい）／胡座（あぐら）／白眉（はくび）／減殺（げんさい）／緩和（かんわ）／赴任（ふにん）／訴訟（そしょう）／推薦（すいせん）／完璧（かんぺき）／快哉（かいさい）／灰汁（あく）／功徳（くどく）／団扇（うちわ）／瓦解（がかい）／夭折（ようせつ）／冤罪（えんざい）／忸怩（じくじ）／脆弱（ぜいじゃく）／累積（るいせき）／侮る（あなどる）／暫時（ざんじ）／逼迫（ひっぱく）／幕間（まくあい）／紫陽花（あじさい）／行脚（あんぎゃ）／居丈高（いたけだか）／健気（けなげ）／時化（しけ）／百日紅（さるすべり）／進捗（しんちょく）／諭旨（ゆし）／鼎談（ていだん）／頒布（はんぷ）／破綻（はたん）／婉曲（えんきょく）／数珠（じゅず）／善後策（ぜんごさく）／十六夜（いざよい）／召還（しょうかん）／知己（ちき）／麦秋（ばくしゅう）

☑ チェックドリル

Question	Answer
◆下線部の漢字の読みを答えなさい。	
□**1** 西洋美術に<u>造詣</u>が深い	1 ぞうけい
□**2** <u>罹災</u>地に物資を送る	2 りさい
□**3** 嘘をついているのではないかと<u>訝</u>る	3 いぶか
□**4** <u>従容</u>と受け入れる	4 しょうよう
□**5** <u>虚空</u>に消える	5 こくう
□**6** <u>因業</u>な仕打ち	6 いんごう
□**7** <u>草鞋</u>を履く	7 わらじ
□**8** <u>一縷</u>の望みをかける	8 いちる

170

Question	Answer
☐**9** 社会人としての<u>矜持</u>を持つ	9 きょうじ
☐**10** <u>訥弁</u>だが心揺さぶる	10 とつべん
☐**11** 犠牲者の<u>回向</u>を続ける	11 えこう
☐**12** <u>寡聞</u>にして知らない	12 かぶん
☐**13** <u>相好</u>を崩す	13 そうごう
☐**14** <u>仄聞</u>したところ	14 そくぶん
☐**15** 現実から<u>乖離</u>する	15 かいり
☐**16** <u>出色</u>の出来栄え	16 しゅっしょく
☐**17** 外務大臣を<u>更迭</u>する	17 こうてつ
☐**18** <u>好事家</u>の関心を引く	18 こうずか
☐**19** 立派な<u>庫裏</u>	19 くり
☐**20** <u>僥倖</u>にめぐりあう	20 ぎょうこう
☐**21** 古都・奈良の<u>名刹</u>	21 めいさつ
☐**22** <u>朱鷺</u>が大空を舞う	22 とき
☐**23** 人を<u>蔑む</u>発言	23 さげす
☐**24** <u>鳩尾</u>が痛む	24 みぞおち

国語

✔ チェックドリル

Question	Answer
□**25** 固唾をのむ	25 かたず
□**26** 野に下る	26 や
□**27** 忌憚のない意見	27 きたん
□**28** 汎用性が高い	28 はんよう
□**29** 殺陣を習う	29 たて
□**30** 凡例を載せる	30 はんれい
□**31** 新刊を上梓する	31 じょうし
□**32** 薪能を鑑賞する	32 たきぎのう
□**33** 相手の考えを忖度する	33 そんたく
□**34** 斟酌の余地	34 しんしゃく
□**35** つぼみが綻ぶ	35 ほころ
□**36** 鉄道を敷設する	36 ふせつ

◆下線部のひらがなを漢字に直しなさい。

□**1** あれこれせんさくする	1 詮索
□**2** 就職をあっせんする	2 斡旋
□**3** ぜんごさくを講じる	3 善後策

172

Question	Answer
□**4** <u>はくび</u>の一作	4 白眉
□**5** <u>あぐら</u>をかいてくつろぐ	5 胡座
□**6** <u>うやうや</u>しい態度	6 恭
□**7** 興味が<u>げんさい</u>される	7 減殺
□**8** <u>しんちょく</u>状況を確認する	8 進捗
□**9** <u>けなげ</u>な態度	9 健気
□**10** 敵を<u>あなど</u>る	10 侮
□**11** 海が<u>しけ</u>る	11 時化
□**12** 国を<u>すべ</u>る	12 統
□**13** 赤字が<u>るいせき</u>する	13 累積
□**14** 前人<u>みとう</u>の地	14 未到
□**15** 被害者の遺族を<u>いぶ</u>する	15 慰撫
□**16** 大使を<u>しょうかん</u>する	16 召還
□**17** 組織が<u>がかい</u>する	17 瓦解
□**18** <u>ごうはら</u>な仕打ち	18 業腹
□**19** <u>かいさい</u>を叫ぶ	19 快哉

国語

☑ チェックドリル

Question	Answer
□**20** 迷いを<u>ふっしょく</u>する	20 払拭
□**21** <u>ざんじ</u>停止	21 暫時
□**22** <u>くじゅう</u>の決断	22 苦渋

◆次のＡ、Ｂの下線部に共通する漢字を書きなさい。

Question	Answer
□**1** A 気持ちが<u>あせる</u> 　　B <u>しょう</u>点が合う	1 焦
□**2** A <u>こ</u>用を生み出す 　　B <u>やと</u>い主と相談する	2 雇
□**3** A 世間に<u>うと</u>まれる 　　B 過<u>そ</u>地の医療	3 疎
□**4** A <u>せん</u>制君主のように振る舞う 　　B <u>もっぱ</u>ら聞くばかり	4 専
□**5** A 人の心を<u>もてあそ</u>ぶ 　　B 仲間を愚<u>ろう</u>する行為	5 弄
□**6** A 破天<u>こう</u>な試み 　　B 心が<u>すさ</u>む	6 荒
□**7** A 生活の<u>かて</u> 　　B 三日分の食<u>りょう</u>	7 糧

Question

☐**8** A　本を<u>あらわす</u>
　　　 B　<u>いちじるし</u>い成長

◆次の下線部を漢字に直しなさい。

☐**1** A　研究の<u>たいしょう</u>
　　　 B　原本と<u>たいしょう</u>する
　　　 C　左右<u>たいしょう</u>

☐**2** A　パソコンの<u>ほしょう</u>書
　　　 B　日米安全<u>ほしょう</u>条約
　　　 C　損害<u>ほしょう</u>

☐**3** A　<u>いじょう</u>な暑さが続く
　　　 B　戦線に<u>いじょう</u>がある
　　　 C　所有権を<u>いじょう</u>する
　　　 D　飲酒は20歳<u>いじょう</u>から

☐**4** A　他国から<u>かんしょう</u>される
　　　 B　絵画を<u>かんしょう</u>する
　　　 C　<u>かんしょう</u>材を入れる

☐**5** A　成績<u>ふしん</u>に陥る
　　　 B　<u>ふしん</u>に思う
　　　 C　交渉に<u>ふしん</u>する
　　　 D　寺院を<u>ふしん</u>する

☐**6** A　進化の<u>かてい</u>
　　　 B　博士<u>かてい</u>に進む
　　　 C　<u>かてい</u>の計算

Answer

8 著

1 A　対象
　B　対照
　C　対称

2 A　保証
　B　保障
　C　補償

3 A　異常
　B　異状
　C　移譲
　D　以上

4 A　干渉
　B　鑑賞
　C　緩衝

5 A　不振
　B　不審
　C　腐心
　D　普請

6 A　過程
　B　課程
　C　仮定

国語

175

四字熟語

●覚えておきたい四字熟語

気宇壮大／一蓮托生／一言居士／一日千秋／一網打尽／虚心坦懐／三々五々／九死一生／紆余曲折／上意下達／有象無象／侃々諤々／馬耳東風／傍（岡）目八目／大器晩成／五里霧中／千変万化／竜頭蛇尾／百鬼夜行／付和雷同／天衣無縫／唯々諾々／一知半解／秋霜烈日／虎視眈々／絶体絶命／酒池肉林／遠交近攻／泰山北斗／針小棒大／切磋琢磨／当意即妙／旧態依然／起死回生／危機一髪／画竜点睛／信賞必罰／渾然一体／九牛一毛／衆人環視／快刀乱麻／合従連衡／異口同音／落花狼藉／青天白日／論功行賞／試行錯誤／徹頭徹尾／森羅万象／朝三暮四

✓ チェックドリル

Question	Answer
◆次の四字熟語の読みを答えなさい。	
□1 馬耳東風	1 ばじとうふう
□2 上意下達	2 じょういかたつ
□3 気宇壮大	3 きうそうだい
□4 有象無象	4 うぞうむぞう
□5 虚心坦懐	5 きょしんたんかい
□6 侃々諤々	6 かんかんがくがく
□7 千変万化	7 せんぺんばんか

Question

◆枠内に漢字を入れて四字熟語を完成させなさい。

□**1** 絶□絶命 （ぜったいぜつめい）

□**2** 画竜点□ （がりょうてんせい）

□**3** 快刀乱□ （かいとうらんま）

□**4** □知半解 （いっちはんかい）

□**5** 九□一毛 （きゅうぎゅうのいちもう）

□**6** 遠交近□ （えんこうきんこう）

□**7** □和雷同 （ふわらいどう）

□**8** 旧□依然 （きゅうたいいぜん）

□**9** 論□行賞 （ろんこうこうしょう）

□**10** 衆人□視 （しゅうじんかんし）

□**11** □目八目 （おかめはちもく）

□**12** 危機一□ （ききいっぱつ）

□**13** 五里□中 （ごりむちゅう）

□**14** 秋霜□日 （しゅうそうれつじつ）

□**15** □天白日 （せいてんはくじつ）

Answer

1 体

2 晴

3 麻

4 一

5 牛

6 攻

7 付

8 態

9 功

10 環

11 傍 （岡）

12 髪

13 霧

14 烈

15 青

国語

177

慣用句

キーワード

●覚えておきたい慣用句

目に余る／目から鼻へ抜ける／目を回す／目の黒いうち／目の
敵（かたき）／木で鼻をくくる／歯に衣着せぬ／怒り心頭に発する／足元
を見る／足がつく／足が出る／足を洗う／足を棒にする／手を
焼く／合いの手を入れる／尻に敷く／腰が重い／腰がある／腰
が軽い／腰を抜かす／胸を打つ／胸をなでおろす／胸が裂ける
／腹に据えかねる／腹が黒い／腹が据わる／腹の虫がおさまら
ない／肩にかかる／肩を持つ／尻尾を出す／尻尾をつかむ／伸
るか反るか／後ろ髪を引かれる／対岸の火事／濡れ手で粟／押
っ取り刀／秋風が立つ／枯れ木も山の賑わい／的を射る

✓ チェックドリル

Question	Answer
◆ （　）内を補い、次の意味を表す慣用句を完成させなさい。	
□**1** 自分には関係ないこととして受け止める物事のたとえ →対岸の（　　）	1 火事
□**2** 素っ気ない態度 →木で（　　）をくくる	2 鼻
□**3** いちかばちか →（　　）か反るか	3 伸る
□**4** 優れていて賢いこと →目から（　　）へ抜ける	4 鼻

Question	Answer
□**5** 無精でなかなか行動を起こそうとしないこと →（　）が重い	5 腰
□**6** 未練が残ること →後ろ（　）を引かれる	6 髪
□**7** 相手の動作や話などの合間にはさむ言葉や動作 →合いの手を（　）	7 入れる
□**8** つまらないものでも、ないよりはましなこと →（　）も山の賑わい	8 枯れ木
□**9** 要点をうまくつかむこと →的を（　）	9 射る
□**10** 激しく怒ること →怒り心頭に（　）する	10 発
□**11** ずけずけとものを言うこと →歯に（　）着せぬ	11 衣
□**12** 感動させる →（　）を打つ	12 胸
□**13** 大急ぎで駆けつけるさま →押っ取り（　）	13 刀
□**14** 男女間の愛情が薄れること →（　）が立つ	14 秋風

ことわざ・故事成語

●覚えておきたいことわざ・故事成語

年寄りの冷や水／沈黙は金／聞くは一時の恥、聞かぬは一生の恥／二階から目薬／袖振り合うも多生の縁／糠（ぬか）に釘／果報は寝て待て／李下に冠を正さず／ひょうたんから駒／弘法にも筆の誤り／覆水盆に返らず／一寸の虫にも五分の魂／舌先三寸／海老で鯛を釣る／能ある鷹は爪を隠す／井の中の蛙大海を知らず／旅の恥は掻き捨て／犬も歩けば棒に当たる／役不足／二の舞を演じる／押しも押されもせぬ／騎虎の勢い／五十歩百歩／取りつく島もない／糟糠（そうこう）の妻／枕を高くして臥す／画餅（がべい）に帰す／石橋を叩いて渡る／羹（あつもの）に懲りて膾（なます）を吹く／塞翁（さいおう）が馬

☑ チェックドリル

Question	Answer
◆次の意味を表すことわざや故事成語の（ ）に入る言葉を答えなさい。	
□1 人に疑われるようなことは避けること →（ ）に冠を正さず	1 李下
□2 力量に対して役目が不相応に軽いこと →（ ）不足	2 役
□3 前に失敗したのに懲りて、必要以上の用心をすること →羹に懲りて（ ）を吹く	3 膾
□4 口先だけの巧みな弁舌 →（ ）先三寸	4 舌

□**5** 行きがかり上、途中でやめられなくなること
　→（　）の勢い

5 騎虎

□**6** 相手の態度が冷淡で、話を進めるきっかけがつかめないこと
　→取りつく（　）もない

6 島

□**7** 心配事がなくなり安心すること
　→枕を高くして（　）す

7 臥

□**8** 人のまねをすること。特に、前の人と同じ失敗をすること
　→二の舞を（　）

8 演じる

□**9** ゆるぎないこと
　→押しも押さ（　）

9 れもせぬ

□**10** 計画したことが失敗し、無駄になること
　→（　）に帰す

10 画餅

□**11** 大差のないこと
　→（　）百歩

11 五十歩

□**12** 貧しい時から苦労を共にした妻
　→（　）の妻

12 糟糠

□**13** 人間の運不運は予測できないものである
　→（　）が馬

13 塞翁

国語

同義語・対義語

キーワード

●覚えておきたい**同義語**：有名＝著名／借金＝負債／努力＝勤勉／進退＝去就／承知＝納得／自負＝矜持／心配＝不安／統率＝指揮／普及＝流布／明白＝歴然／意図＝作為／応援＝激励／興奮＝熱狂／執着＝拘泥／優秀＝秀逸／敏感＝鋭敏／豊富＝潤沢／幼稚＝未熟／雑然＝乱雑／交渉＝折衝／一切＝万事／難局＝苦境／暗示＝示唆／短所＝欠点／長所＝美点

●覚えておきたい**対義語**：横柄⇔謙虚／理想⇔現実／偶然⇔必然／原則⇔例外／自由⇔束縛／繁栄⇔衰退／実在⇔架空／快諾⇔固辞／閑散⇔繁忙／傲慢⇔謙虚／模倣⇔創造／参入⇔撤退／原因⇔結果／発端⇔結末／緊張⇔弛緩／絶対⇔相対／慎重⇔軽率／促進⇔抑制／増進⇔減退／保守⇔革新／需要⇔供給／真実⇔虚偽／迅速⇔緩慢／延長⇔短縮／創造⇔破壊／理論⇔実践

✓ チェックドリル

Question	Answer
◆次の言葉の同義語を答えなさい。	
□**1** 有名	1 著名
□**2** 借金	2 負債
□**3** 努力	3 勤勉
□**4** 進退	4 去就
□**5** 承知	5 納得
□**6** 自負	6 矜持

Question

□**7** 一切

□**8** 暗示

□**9** 雑然

◆次の言葉の対義語を答えなさい。
□**1** 横柄

□**2** 理想

□**3** 偶然

□**4** 原則

□**5** 自由

□**6** 繁栄

□**7** 実在

□**8** 快諾

□**9** 傲慢

□**10** 模倣

□**11** 緊張

□**12** 絶対

Answer

7 万事

8 示唆

9 乱雑

1 謙虚

2 現実

3 必然

4 例外

5 束縛

6 衰退

7 架空

8 固辞

9 謙虚

10 創造

11 弛緩

12 相対

文法・敬語

●覚えておきたい敬語

尊敬語のパターン：①「お（ご）〜になる」例）おいでになる／お帰りになる／お聞きになる／ご覧になる　②「〜れる」「〜られる」例）言われる／歩かれる　③特別な語を使う　例）召し上がる／おっしゃる／くださる

謙譲語のパターン：①「お（ご）〜する（いたす）」例）お尋ねする／ご案内する　②特別な語を使う　例）参る／いただく／申し上げる／粗品

丁寧表現：名詞に「お（ご）」を付ける　例）ご家族／お母様

●覚えておきたい副詞の用法

全然〜ない／さらさら〜ない／ついぞ〜ない／あたかも〜のようだ

✓ チェックドリル

Question	Answer
◆次の語を尊敬語・謙譲語にそれぞれ直しなさい。	
□**1**「行く」	1 （尊）「いらっしゃる」「お出かけになる」「おいでになる」（謙）「参る」「伺う」
□**2**「会う」	2 （尊）「お会いになる」（謙）「お目にかかる」
□**3**「食べる」	3 （尊）「召し上がる」（謙）「いただく」

Question	Answer
□**4** 「言う」	4 (尊)「おっしゃる」 「お話しになる」 (謙)「申し上げる」
◆次の下線部は尊敬語・丁寧語・謙譲語のどれか。	
□**1** お客様が<u>お待ち</u>です	1 尊敬語
□**2** 今日はよいお天気<u>です</u>	2 丁寧語
□**3** <u>拙宅</u>にお招きする	3 謙譲語
□**4** 失礼<u>いたし</u>ます	4 謙譲語
◆次の下線部の間違いを直しなさい。	
□**1** 社長が<u>お戻りになられ</u>ました	1 お戻りになり／ 戻られ
□**2** <u>ご利用していただき</u>ありがとうございます	2 ご利用いただき／ 利用していただき
□**3** さらさら<u>思っていた</u>	3 思っていなかった
□**4** 支店長から本社役員に<u>左遷</u>になった	4 栄転
□**5** 全然<u>届いている</u>	5 届いていない
□**6** 彼はついぞ<u>現れた</u>	6 現れなかった
□**7** あたかも<u>知っていた</u>	7 知っているかのようだった

国語

185

カタカナ語

```
キーワード
```

●覚えておきたいカタカナ語
アーカイブ／エビデンス／サステイナビリティー／リテラシー
／ダイバーシティー／コラボレーション／ペイオフ／デリバティ
ブ／クラウドファンディング／インフォームド・コンセント
／トリアージ／アセスメント／アジェンダ／デフォルト／アラ
イアンス／ソリューション／アウトソーシング／バリアフリー
／オンブズマン／インバウンド／マネーロンダリング／インセ
ンティブ／インキュベーター

☑ チェックドリル

Question	Answer

◆次の解説にあたるカタカナ語を答えなさい。

□**1** もともとは公文書保管所、公文書記録
を意味するが、最近はデジタル化した
データを圧縮し保管している場所のこ
とも指す言葉は何か。

1 アーカイブ
(archive)

□**2** 医学でこの治療法がよいといえる「証
拠」のことを何というか。

2 エビデンス
(evidence)

□**3** 社会の仕組みや環境などが持続可能で
あることを指す言葉は何か。

3 サステイナビリティー
(sustainability)

□**4** 読み書き能力のことだが、最近ではコ
ンピューターを使いこなす能力や、そ
れによって得た情報を活用する能力の
ことも指す言葉は何か。

4 リテラシー
(literacy)

Question	Answer
□**5** 性別や国籍、年齢などを問わずに多様な人材を活用することで生産性を上げ、企業の成長と個人の幸せを同時にめざす概念を何というか。	5 ダイバーシティー (diversity)
□**6** 合作、共同研究、協調などの意味があり、複数の企業が互いの得意分野を生かした商品開発や共同事業を展開する際によく使われる言葉は何か。	6 コラボレーション (collaboration)
□**7** 金融機関が破綻した場合に、預金保険機構が預金者に一定額までの元本と利息を保証する制度を何というか。	7 ペイオフ（payoff）
□**8** 株や債券、為替などの金融商品を元にし、「金融派生商品」と呼ばれるのは何か。	8 デリバティブ (derivatives)
□**9** 主にインターネットを使って不特定多数の人から小口のお金を集める手法を何というか。	9 クラウドファンディング (crowd funding)
□**10** 患者が医師から治療方針や方法について、十分に説明を受け、同意したうえで治療を進めることを何というか。	10 インフォームド・コンセント (informed consent)
□**11** 大災害や大事故で多数の負傷者が出た時に、手当ての緊急度に従って優先順位をつけることを何というか。	11 トリアージ (triage)
□**12** 「環境」や「リスク」など、物事を事前に評価や査定することを何というか。	12 アセスメント (assessment)

国語

187

Question

Answer

□**13** 実施すべき計画のことで、特に政治や国際分野で「検討課題」や「行動計画」を表す言葉は何か。

13 アジェンダ
(agenda)

□**14** 国債や社債の利払いが遅れたり、元本の償還が不能になったりすることを何というか。

14 デフォルト
(default)

□**15** もともとは「同盟」という意味で、複数の企業が利益獲得のために協力し合うことを何というか。

15 アライアンス
(alliance)

□**16** 顧客の業務上の問題点の解決や、新たな要望に応じるためのコンピューター・システムの開発を何というか。

16 ソリューション
(solution)

□**17** 会社の業務の一部を専門業者などの外部に委託することを何というか。

17 アウトソーシング
(outsourcing)

□**18** 家庭内や街から、障害者や高齢者の行動の妨げになる要素をなくすことを何というか。

18 バリアフリー
(barrier-free)

□**19** 行政機関に対する国民の苦情処理や行政活動の監視・告発を行っている行政監査専門員やその機関のことを何というか。

19 オンブズマン
(ombudsman)

□**20**「入ってくる」という意味で、海外から日本へ来る観光客を指す言葉は何か。

20 インバウンド
(inbound)

英語

時事英語

キーワード

●覚えておきたい時事英語

prime minister / Liberal Democratic Party / tax revenue / constitutional revision / Upper House election / defense expenditure/defense spending / Digital Agency / Hometown tax donation / poverty rate / children on day-care waiting list / Crypto Assets / primary balance / Regional Comprehensive Economic Partnership / consumer price index / greenhouse gas / global warming / renewable energy / chip crunch / genome editing / Artificial Intelligence / aggression / invasion / North Atlantic Treaty Organization / U.N. Security Council / Treaty on the Prohibition of Nuclear Weapons / Hong Kong national security law / territorial dispute / World Heritage Site / COVID-19 / pandemic / monkeypox / minimum wage / Conference of the Parties to the United Nations Framework Convention on Climate Change / Paris Agreement / linear rainband / nuclear power plant / labor union / equal pay for work of equal value / ratio of job openings / legal age of adulthood / Juvenile Law / same-sex marriage / heatstroke / food loss / state funeral

☑ チェックドリル

Question

◆次の英語の意味を表す日本語を答えなさい。

□ **1** prime minister

□ **2** Liberal Democratic Party

□ **3** tax revenue

Answer

1 内閣総理大臣、首相

2 自由民主党

3 税収

Question	Answer
□4 constitutional revision	4 憲法改正
□5 Upper House election	5 参議院選挙
□6 defense expenditure	6 防衛費
□7 Digital Agency	7 デジタル庁
□8 Hometown tax donation	8 ふるさと納税
□9 poverty rate	9 貧困率
□10 children on day-care waiting list	10 待機児童
□11 Crypto Assets	11 暗号資産
□12 primary balance	12 基礎的財政収支
□13 Regional Comprehensive Economic Partnership	13 地域的包括的経済連携（RCEP）
□14 consumer price index	14 消費者物価指数
□15 greenhouse gas	15 温室効果ガス
□16 global warming	16 地球温暖化
□17 renewable energy	17 再生可能エネルギー
□18 chip crunch	18 半導体不足

英語

✓ チェックドリル

Question	Answer
☐**19** genome editing	19 ゲノム編集
☐**20** Artificial Intelligence	20 人工知能（AI）
☐**21** aggression	21 侵攻
☐**22** North Atlantic Treaty Organization	22 北大西洋条約機構（NATO）
☐**23** U.N. Security Council	23 国連安全保障理事会
☐**24** Treaty on the Prohibition of Nuclear Weapons	24 核兵器禁止条約
☐**25** Hong Kong national security law	25 香港国家安全維持法
☐**26** territorial dispute	26 領土問題
☐**27** World Heritage Site	27 世界遺産
☐**28** COVID-19	28 新型コロナウイルス感染症
☐**29** pandemic	29 世界的大流行
☐**30** monkeypox	30 サル痘
☐**31** Conference of the Parties to the United Nations Framework Convention on Climate Change	31 国連気候変動枠組み条約締約国会議（COP）
☐**32** Paris Agreement	32 パリ協定

Question	Answer
☐**33** linear rainband	33 線状降水帯
☐**34** nuclear power plant	34 原子力発電所
☐**35** labor union	35 労働組合
☐**36** minimum wage	36 最低賃金
☐**37** equal pay for work of equal value	37 同一労働同一賃金
☐**38** ratio of job openings	38 有効求人倍率
☐**39** legal age of adulthood	39 成人年齢
☐**40** Juvenile Law	40 少年法
☐**41** same-sex marriage	41 同性婚
☐**42** heatstroke	42 熱中症
☐**43** induced Pluripotent Stem cell	43 iPS 細胞
☐**44** birth rate	44 出生率
☐**45** parental leave	45 育児休暇
☐**46** food loss	46 食品ロス
☐**47** state funeral	47 国葬
☐**48** Broadcast Law	48 放送法

英語

英熟語

●覚えておきたい英熟語

gaze at 〜 / make the most of 〜 / refer to 〜 / in spite of 〜
/ be put on display / be filled with 〜 / refrain from 〜 /
work on 〜 / stand for 〜 / remove A from B / pass out 〜 /
bring about 〜 / look up to 〜 / do 〜 a favor / be familiar
with 〜 / be supposed to 〜 / have nothing to do with 〜 / as
well as 〜 / consist of A and B / be expected to 〜 / go along
with 〜 / remember to 〜 / be happy to 〜 / in order to 〜 /
be likely to 〜 / turn in A / put up with 〜 / be about to 〜 /
be concerned about A

✓ チェックドリル

Question

Answer

◆次の日本語の意味を表す英熟語を答えなさい。

□**1** 〜をじっと見る

1 gaze at 〜

□**2** 〜を最大限に活用する

2 make the most of 〜

□**3** 〜を参照する

3 refer to 〜

□**4** 〜にもかかわらず

4 in spite of 〜

□**5** 展示されている

5 be put on display

□**6** 〜でいっぱいだ

6 be filled with 〜

□**7** 〜を控える

7 refrain from 〜

Question	Answer
Question	**Answer**
□**8** ～に取り組む	8 work on ～
□**9** ～を表す	9 stand for ～
□**10** BからAを取り除く	10 remove A from B
□**11** ～を配る	11 pass out ～
□**12** ～を引き起こす	12 bring about ～
□**13** ～を尊敬する	13 look up to ～
□**14** ～に手を貸す	14 do ～ a favor
□**15** ～に精通している	15 be familiar with ～
□**16** ～することになっている	16 be supposed to ～
□**17** ～と関係がない	17 have nothing to do with ～
□**18** ～に加えて	18 as well as ～
□**19** AとBで構成される	19 consist of A and B
□**20** ～することを期待される	20 be expected to ～
□**21** ～に賛成する	21 go along with ～
□**22** 忘れずに～する	22 remember to ～
□**23** 喜んで～する	23 be happy to ～

英語

✓ チェックドリル

Question	Answer
□**24** 〜するために	24 in order to 〜
□**25** 〜しそうだ	25 be likely to 〜
□**26** A を提出する	26 turn in A
□**27** 〜を我慢する	27 put up with 〜
□**28** まさに〜するところだ	28 be about to 〜
□**29** A を心配する	29 be concerned about A
□**30** A に異動する	30 be transferred to A
□**31** 渋滞している	31 be backed up
□**32** あらかじめ	32 in advance
□**33** きっと〜する	33 be sure to 〜
□**34** 〜を思いつく	34 come up with 〜
□**35** 〜の調子が悪い	35 be wrong with 〜
□**36** 〜を念頭に置く	36 keep in mind that 〜
□**37** 交代で	37 by turns
□**38** A に満足する	38 be pleased with A
□**39** それと反対に	39 to the contrary

196

Question	Answer
□**40** 〜し続ける	40 keep on 〜ing
□**41** まだ〜していない	41 have yet to 〜
□**42** 〜しがちである	42 be liable to 〜
□**43** 〜次第	43 depend on 〜
□**44** 〜に頼る	44 rely on 〜
□**45** 向き合って座る	45 sit opposite
□**46** Aが〜することを制限する	46 restrict A from 〜 ing
□**47** BがAにとって代わる	47 replace A by B
□**48** AにBを知らせる	48 notify A of B
□**49** 〜する資格がある	49 be eligible to 〜
□**50** まるで〜であるかのように	50 as if 〜
□**51** 〜の資格がある	51 qualify for 〜
□**52** 〜を成し遂げる	52 go through with 〜
□**53** AをBに分ける	53 divide A into B
□**54** 〜に対応する	54 attend to 〜
□**55** 〜にうんざりする	55 be tired of 〜

英語

英文略語

●覚えておきたい英文略語

WHO=World Health Organization ／ TOPIX=Tokyo Stock Price Index ／ IPCC=Intergovernmental Panel on Climate Change ／ GDP=Gross Domestic Product ／ OECD=Organization for Economic Co-operation and Development ／ TPP=Trans-Pacific Partnership ／ EPA=Economic Partnership Agreement ／ GPS=Global Positioning System ／ EEZ = Exclusive Economic Zone ／ NASA=National Aeronautics and Space Administration ／ JAXA=Japan Aerospace Exploration Agency ／ WTO=World Trade Organization ／ SDGs=Sustainable Development Goals ／ MVNO=Mobile Virtual Network Operator ／ NPT=Nuclear Non-Proliferation Treaty ／ TOB=Takeover Bid ／ CEO=Chief Executive Officer ／ IMF=International Monetary Fund ／ FRB=Federal Reserve Board

☑ チェックドリル

Question	Answer
◆次の英文略語を日本語に直しなさい。	
☐ **1** WHO（World Health Organization）	1 世界保健機関
☐ **2** TOPIX（Tokyo Stock Price Index）	2 東証株価指数
☐ **3** TOB（Takeover Bid）	3 株式公開買い付け
☐ **4** IPCC（Intergovernmental Panel on Climate Change）	4 気候変動に関する政府間パネル
☐ **5** GDP（Gross Domestic Product）	5 国内総生産

Question	Answer
☐ **6** OECD（Organization for Economic Co-operation and Development）	6 経済協力開発機構
☐ **7** TPP（Trans-Pacific Partnership）	7 環太平洋経済連携協定
☐ **8** EPA（Economic Partnership Agreement）	8 経済連携協定
☐ **9** GPS（Global Positioning System）	9 全地球測位システム
☐ **10** EEZ（Exclusive Economic Zone）	10 排他的経済水域
☐ **11** NASA（National Aeronautics and Space Administration）	11 米航空宇宙局
☐ **12** JAXA（Japan Aerospace Exploration Agency）	12 宇宙航空研究開発機構
☐ **13** WTO（World Trade Organization）	13 世界貿易機関
☐ **14** SDGs（Sustainable Development Goals）	14 持続可能な開発目標
☐ **15** MVNO（Mobile Virtual Network Operator）	15 仮想移動体通信事業者
☐ **16** NPT（Nuclear Non-Proliferation Treaty）	16 核不拡散条約
☐ **17** CEO（Chief Executive Officer）	17 最高経営責任者
☐ **18** IMF（International Monetary Fund）	18 国際通貨基金

英語

ことわざ・慣用句

```
━━キーワード━━
```

●覚えておきたいことわざ・慣用句

Easy come, easy go. / Bad money drives out good. / A rolling stone gathers no moss. / A little learning is a dangerous thing. / Persistence pays off. / There is no accounting for tastes. / Do in Rome as the Romans do. / After a storm comes a calm. / Birds of a feather flock together. / Too many cooks spoil the broth. / Bad luck often brings good luck. / Every man has his faults. / The darkest place is under the candlestick. / No pain, no gain. / Four eyes see more than two. / Penny wise and pound foolish.

✓ チェックドリル

Question	Answer

◆次のことわざ・慣用句の日本語訳を答えなさい。

□**1** Easy come, easy go.

1 悪銭身につかず

□**2** Bad money drives out good.

2 悪貨は良貨を駆逐する

□**3** A rolling stone gathers no moss.

3 転石苔を生ぜず

□**4** A little learning is a dangerous thing.

4 生兵法は大けがのもと

□**5** Persistence pays off.

5 継続は力なり

□**6** There is no accounting for tastes.

6 蓼食う虫も好きずき

□**7** Do in Rome as the Romans do.

7 郷に入っては郷に従え

Question

□**8** After a storm comes a calm.

□**9** Birds of a feather flock together.

□**10** Too many cooks spoil the broth.

□**11** Bad luck often brings good luck.

□**12** Every man has his faults.

□**13** The darkest place is under the candlestick.

◆次の英文のことわざ・慣用句が日本語に示
　す意味になるように（　）を補いなさい。

□**1** No （　）, no gain.
　　苦労なくして得るものなし

□**2** Four （　） see more than two.
　　三人寄れば文殊の知恵

□**3** The law is not the same at （　） and
　　at night.
　　朝令暮改

□**4** Penny （　） and pound foolish.
　　安物買いの銭失い

□**5** He who would climb the ladder must
　　begin at the （　）.
　　千里の道も一歩から

Answer

8 雨降って地固まる

9 類は友を呼ぶ

10 船頭多くして船山に
　 上る

11 災い転じて福となす

12 なくて七癖

13 灯台もと暗し

1 pain

2 eyes

3 morning

4 wise

5 bottom

英語

201

✓ チェックドリル

Question	Answer

☐ **6** Time flies like an ( ).
光陰矢のごとし

6 arrow

☐ **7** The ( ) bird catches the worm.
早起きは三文の徳

7 early

☐ **8** What happens twice will happen ( ).
二度あることは三度ある

8 thrice

☐ **9** A good medicine tastes ( ).
良薬は口に苦し

9 bitter

☐ **10** Third ( ) lucky.
三度目の正直

10 time

☐ **11** ( ) makes perfect.
習うより慣れよ

11 Practice

☐ **12** Easier said than ( ).
言うは易く行うは難し

12 done

☐ **13** Even a ( ) will turn.
一寸の虫にも五分の魂

13 worm

☐ **14** Out of the mouth comes ( ).
口は災いのもと

14 evil

☐ **15** Don't teach ( ) to swim.
釈迦に説法

15 fishes

文法

●覚えておきたい構文・用法

too 〜 to 〜 / so 〜 that 〜 / 〜 enough to 〜 / such 〜 that
〜 / little 〜 / ought to 〜 / had better 〜 / advise 〜 to 〜 /
more 〜 than 〜 / should have 〜 / suggest 〜ing / close to
〜 / If it were not for 〜 / Would you mind 〜 ? / used to 〜

●覚えておきたい仮定法の形

If I were 〜，過去形⇒実際にはあり得ない仮定をして、現在
　　　　　　　の事実に反することを表す。

I wish ＋過去形⇒現在の事実に反すること、
　　　　＋過去完了形⇒過去の事実に反することを表す。

✓ チ ェ ッ ク ド リ ル

Question	Answer
◆次の英文の下線部の間違いを正しなさい。	
□**1** I was too tired <u>for</u> drive.	1 to
□**2** The question is <u>much</u> difficult that I can not solve.	2 so
□**3** She is bright <u>but</u> not to do so.	3 enough
□**4** It was such a fine day <u>though</u> we had a picnic.	4 that
□**5** He spent what <u>few</u> money he had to buy a new car.	5 little
□**6** It ought to <u>being</u> true.	6 be

英語

203

✓ チェックドリル

Question	Answer
☐**7** You had better <u>practiced</u> it.	7 practice
☐**8** A desk is <u>next</u> the chair and the door.	8 between
☐**9** He is <u>more tall</u> than his brother.	9 taller
☐**10** I <u>did</u> have gone to the dentist yesterday.	10 should
☐**11** If I had worked yesterday, I <u>have</u> finished it.	11 would have
☐**12** She suggested <u>to go</u> to the theater.	12 going
☐**13** This is the room <u>what</u> he lived.	13 where
☐**14** He removes items <u>to</u> a car.	14 from
☐**15** A picture has been hung <u>at</u> the wall.	15 on
☐**16** If I <u>am</u> you, I wouldn't do that.	16 were
☐**17** If it were not <u>with</u> the sun, nothing could live.	17 for
☐**18** Would you <u>minded</u> if I smoke?	18 mind
☐**19** I wish I <u>can</u> meet you next week.	19 could
☐**20** A group of people is getting <u>to</u> a bus.	20 on
☐**21** I <u>research</u> for a new camera.	21 look

数学・理科

数学

・因数分解

$a^2 + 2ab + b^2 = (a + b)^2$

$a^2 - 2ab + b^2 = (a - b)^2$

$a^2 - b^2 = (a + b)(a - b)$

$x^2 + (a + b)x + ab = (x + a)(x + b)$

・順列

$_nP_r = n(n - 1)(n - 2)\cdots\cdots(n - r + 1) = \dfrac{n!}{(n - r)!}$

・組み合わせ

$_nC_r = \dfrac{_nP_r}{r!} = \dfrac{n!}{r!(n - r)!}$

・確率

$P(A) = \dfrac{事象Aの起こる場合の数}{起こり得るすべての場合の数}$

・扇形の弧の長さと面積

半径 r、中心角 $a°$ の扇形の弧の長さを l、面積を S とすると

$l = 2\pi r \times \dfrac{a}{360}$　　　$S = \pi r^2 \times \dfrac{a}{360}$

☑ チェックドリル

Question	Answer
①次の計算をしなさい。	
□**1** $-11 \times (-7) + 44$	1　121
□**2** $-9 \times 4 \div (-2)$	2　18
②次の式を展開しなさい。	
□**1** $(3x + 7)(3x - 7)$	1　$9x^2 - 49$

Question	**Answer**

□ 2 $(x + 3y)(x - y)$

③ 次の式を因数分解しなさい。

□ 1 $x^2 - 10x + 21$

□ 2 $(x - y)^2 - z^2$

④ 次の連立方程式を解きなさい。

□ 1 $\begin{cases} 2x - y = 1 \\ 3x + y = 9 \end{cases}$

⑤ 次の 2 次方程式を解きなさい（解説は P.210）。

□ 1 $x^2 - 3x + 2 = 0$

□ 2 $6x^2 - 12x - 18 = 0$

⑥ 次の問いに答えなさい（解説は P.210〜213）。

□ 1 次の関数の最大値・最小値があれば求めなさい。

$y = 2x - 1 \quad (0 < x \le 2)$

□ 2 次の関数のグラフを x 軸方向に1、y 軸方向に2、平行移動したときのグラフを表す関数を求めなさい。

$y = x^2 + 1$

□ 3 次の関数の最大値・最小値を求めなさい。

$y = -x^2 + 2 \quad (0 \le x \le 2)$

---

2 $x^2 + 2xy - 3y^2$

1 $(x - 3)(x - 7)$

2 $(x - y + z)(x - y - z)$

1 $x = 2$、$y = 3$

1 $x = 1$、2

2 $x = -1$、3

1 最大値3$(x = 2)$
最小値なし

2 $y = (x - 1)^2 + 3$

3 最大値2$(x = 0)$
最小値−2$(x = 2)$

数学・理科

Question	Answer
□**4** 次の不等式を解きなさい。 $x^2 - 3x + 2 > 0$	4 $x < 1$、$x > 2$
□**5** 20人の会員の中から3人の役員を選ぶとき、その選び方は何通りあるか。	5 1140通り
□**6** 両親と4人の子どもが円形のテーブルに着くとき、両親が隣り合わせに着席する方法は何通りあるか。	6 48通り
□**7** 0から3までの4枚のカードから3枚を抜き出して並べるとき、3けたの数字にならない確率を求めなさい。	7 1／4
□**8** 青玉3個、黄玉4個を袋に入れる。この袋から3個の玉を同時に取り出すとき、取り出した玉が3個とも黄玉である確率を求めなさい。	8 4／35
□**9** 全体で30人のうち、サッカーをする人は20人、野球をする人は15人、両方する人は10人のとき、両方しない人は何人か。	9 5人
□**10** 50人の国語と英語のテストの結果が、70点以上は国語23人、英語17人、両科目とも70点未満は25人のとき、両科目とも70点以上は何人か。	10 15人
□**11** 10%の食塩水が300gある。ここに水を100g加えると何%の食塩水になるか。	11 7.5%

Question	Answer
□12 ある品物に原価の3割増の定価をつけて100個を売ったところ、15万円の粗利を得た。この品物の定価を求めなさい。	12 6500円
□13 3時から4時の間で、時計の長針と短針が重なる時刻を求めなさい。	13 3時16 4／11分
□14 ある工事を仕上げるのに弟は6時間、兄は4時間かかる。2人で一緒に仕事をすると、何時間で仕上げられるか。	14 2時間24分
□15 Aは時速2.7km、Bは時速3.9kmの速さで、1周990mの池の周りを同じ地点から反対方向に歩いた。AとBは何分後に出会うか。	15 9分後
□16 次の空欄にあてはまる数を求めなさい。 0、2、6、□、20、30、……	16 12
□17 半径が12cm、弧の長さが3πcmの扇形の中心角を求めなさい。	17 45°
□18 底面の半径が10cm、高さが15cmの円すいの体積を求めなさい。	18 500πcm³
□19 A、B二つの直方体の相似比が2：3で、Aの表面積が80cm²のとき、Bの表面積を求めなさい。	19 180cm²
□20 2進法で表した11010を10進法で表すといくつになるか。	20 26

数学・理科

209

解説

①〜④の解説は省略

⑤

1 $x^2 - 3x + 2 = 0$
かけて2、足して-3なので
$(x-1)(x-2) = 0$
$\therefore x = 1$、2

2 $6x^2 - 12x - 18 = 0$
共通項6でくくって因数分
解をすると
$6(x+1)(x-3) = 0$
$\therefore x = -1$、3

⑥

1 $y = 2x - 1$ $(0 < x \leqq 2)$　この式を図示すると

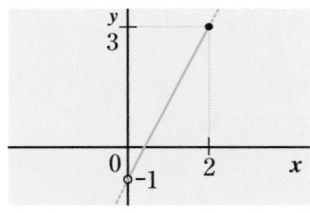

$0 < x \leqq 2$の範囲での、最大値は$x = 2$のとき3、最小値はなし

2 $y = x^2 + 1 \cdots\cdots(1)$
(1)はy軸との交点は$(0,\ 1)$
この関数をx軸方向に1、y軸方向に2、平行移動すると
交点は$(1,\ 3)$。よって平行移動後の関数は、$y = (x-1)^2 + 3$

3 関数$y = -x^2 + 2$　を図示すると

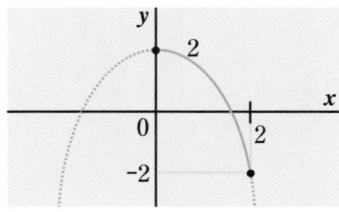

上図において$0 \leqq x \leqq 2$の範囲で、最大値は$2(x = 0)$、最小値は
$-2(x = 2)$

4　$x^2 - 3x + 2 > 0$

$(x - 2)(x - 1) > 0$

上式より、$x < 1$、$x > 2$

5　20人の会員から3人の役員を選ぶ組み合わせは、nからrを選ぶ組み合わせの公式

　　　$_nC_r = {_nP_r} / r!$ より、$n = 20$、$r = 3$なので

　　　$_{20}C_3 = {_{20}P_3} / 3! = 20 \cdot 19 \cdot 18 / 3 \cdot 2 \cdot 1 = 6840 / 6 = 1140$（通り）

6　円形テーブルに子ども4人が席に着き、両親が隣り合わせに着席する。父母をセットにして5人で円順列をつくるとすると、

　　　$n = 5$　$(n - 1)! = 4!$（通り）

その各々について父母の座席を入れ替える方法は$2!$通り

よって、$4! \times 2! = 4 \cdot 3 \cdot 2 \cdot 1 \times 2 \cdot 1 = 24 \times 2 = 48$（通り）

7　0から3までの4枚のカードから3枚を抜き出す場合の数は、

　　　$_4P_3 = 4 \cdot 3 \cdot 2 = 24$（通り）

このうち、3けたの数字にならないのは、最初に0を引いたときで、

　　　$(0,\ 1,\ 2)$、$(0,\ 1,\ 3)$、$(0,\ 2,\ 1)$、$(0,\ 2,\ 3)$、$(0,\ 3,\ 1)$、

　　　$(0,\ 3,\ 2)$の6通り

よって、求める確率は、$6 / 24 = 1 / 4$

8　青玉3個、黄玉4個だから、3個を同時に取り出し、3個とも黄玉である確率は、$4 / 7 \times 3 / 6 \times 2 / 5 = 24 / 210 = 4 / 35$

9　全体で30人

サッカーをする人は20人、野球をする人は15人、両方する人は10人、野球かサッカーのどちらか一方をする人は $(20 + 15) - 10 = 25$（人）

よって、両方しない人は、$30 - 25 = 5$（人）

10 全体で50人

国語　23人　　英語　17人

70点未満　両科目とも　25人

両科目とも　70点以上は

国語・英語　70点以上　23＋17＝40（人）

どちらか一方が70点以上は、50－25＝25（人）

したがって40－25＝15（人）

11 濃度算の問題

10％の食塩水300 g 中に食塩は300×0.1＝30 g ある。

これに水100 g を加えたときの食塩水の濃度は次の式で求められる。

　　30 g ÷（300 g ＋100 g ）×100＝30 g ÷400 g ×100＝7.5%

12 損益算の問題

ある品物に原価の3割増の定価をつけ、100個を売ったところ15万円の粗利を得た。この品物の定価は、定価を x、原価を a とすると、

　　$x = 1.3a$　$0.3a × 100 = 150000$円　$a = 5000$円

　　$x = 1.3 × 5000$円 $= 6500$円

13 時計算の問題

短針は0.5°／分、長針は6°／分進む。3時から4時までの間に長針と短針が重なる時間を x 分とすると、短針は3時からスタートなので90°加える。

　　$0.5 × x + 90 = 6 × x$　$0.5x + 90 = 6x$　$5.5x = 90$

　　$x = 180 ／ 11 = 16$　4／11（分）　∴3時16　4／11分

14 仕事算の問題

ある工事全体の仕事量をAとすると、

兄はA／4（時間）、弟はA／6（時間）となる。

2人で一緒に仕事をすると、かかる時間は、

　　A ÷（A／4 ＋ A／6）＝ A ÷（（3A ＋2A）／12）＝ A ÷5A／12

　　＝2.4時間＝2時間24分

15 出会い算の問題

A は45m／分、B は65m／分、A と B との距離は990m。

よって、求める時間は「距離÷速さ＝時間」より

$990\mathrm{m} \div (45\mathrm{m} + 65\mathrm{m}) = 990\mathrm{m} \div 110\mathrm{m} = 9(分)$

16 0、2、6、□、20、30、……

$2 - 0 = 2$　$6 - 2 = 4$　$30 - 20 = 10$

□＝12とすると、

□ $- 6 = 6$　$20 -$ □ $= 8$　となり、

二つの数の差が　$n + 2$ となるので、□＝12は正しい。

17 半径12cmの円周の長さ L は $2\pi r$

よって、$L = 2\pi \times 12 = 24\pi$

弧の長さ 3π (cm)の扇形の中心角 a は、$3\pi = 24\pi \times a ／ 360$

∴ $a = 45°$

18 円すいの体積を V とすると、$V = 1／3Sh$(S は底面積、h は高さ)

$S = \pi r^2 = \pi \times 10 \times 10 = 100\pi\mathrm{cm}^2$　$h = 15\mathrm{cm}$

∴ $V = 1／3 \times 100\pi \times 15 = 500\pi\mathrm{cm}^3$

19 A、B 二つの直方体があり、2：3の相似比で、A の表面積が80

cm²なので、面積の相似比は $2^2 : 3^2 = 4 : 9$ となり

B の面積 ＝ A の面積 $\times 9／4 = 80\mathrm{cm}^2 \times 2.25 = 180\mathrm{cm}^2$

20 2進法では、5けたが 2^4、4けたが 2^3、3けたが 2^2、2けたが

2^1、1けたが 2^0 で表されるので、11010は次のようになる。

$2^4 \times 1 + 2^3 \times 1 + 2^2 \times 0 + 2^1 \times 1 + 2^0 \times 0 = 16 + 8 + 0 + 2 + 0 = 26$

よって、10進法では26になる。

数学・理科

213

物理

キーワード

●**覚えておきたい単位**：電流＝アンペア（A）／電圧＝ボルト（V）／抵抗＝オーム（Ω）／熱量・仕事・エネルギー＝ジュール（J）／電力＝ワット（W）／照度＝ルクス（lx）／圧力＝パスカル（Pa）／気圧＝ヘクトパスカル（hPa）／力＝ニュートン（N）／質量＝グラム（g）／長さ＝メートル（m）、オングストローム（Å）／音速＝マッハ（Ma）／周波数＝ヘルツ（Hz）
●**覚えておきたい法則**：万有引力の法則／慣性の法則／作用反作用の法則／フレミングの法則／エネルギー保存の法則

✓ チェックドリル

Question	Answer
◆**次に示す法則を何と呼ぶか答えなさい。**	
□**1** 列車や自動車の音が、近づくとき高くなり、遠ざかるとき低くなる。	1 ドップラー効果
□**2** 二つの物体が引き合う力は、質量の積に比例し、距離の2乗に反比例する。	2 万有引力の法則
□**3** どのような種類のエネルギーに変わっても、エネルギーの総量は増減せず、一定不変である。	3 エネルギー保存の法則
□**4** 静止している物体は力が加わらないかぎり静止し続け、運動している物体は力が加わらないかぎり運動状態を維持する。	4 慣性の法則

Question

◆次の問いに答えなさい（解説はP.216）。

□**1** 下図のシーソーにA・B2人の子どもが乗っている。体重はそれぞれAが15kg、Bが18kgである。Bから支点までの距離が1mで釣り合うとき、Aから支点までの距離xを求めなさい。

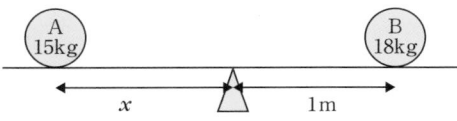

□**2** 一直線の線路を時速72kmの速さで走る電車がブレーキをかけ、一定の割合で減速して100m先で停車した。ブレーキをかけてから停車するまでの時間を求めなさい。

□**3** 次の回路を流れる電流は何アンペアか。

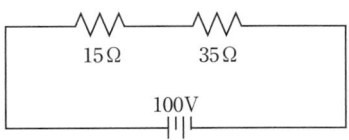

□**4** 下図の滑車が釣り合っているとき、おもりの重さxを求めなさい。

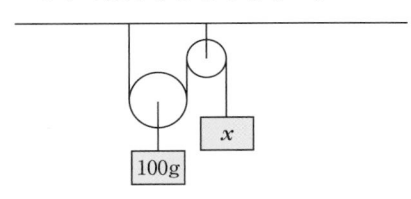

Answer

1 1.2m

2 10秒

3 2アンペア

4 50g

数学・理科

215

解説

1

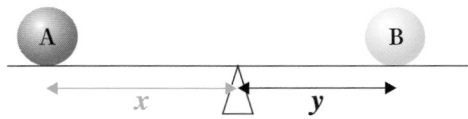

A × x = B × y

A = 15kg　B = 18kg　y = 1m

よって　x = 18 × 1 ÷ 15 = 1.2m

2　時速72km = 72000m ÷ 3600秒 = 秒速20mである。
ブレーキをかけてから一定の割合で減速し、x秒後に秒速0mになるとすると、速さと時間の関係は次の図のようになる。このとき、電車が停止するまでに進んだ距離は、図の三角形の面積と等しくなる。この面積が100(m)なので、次の計算で時間xが求められる。

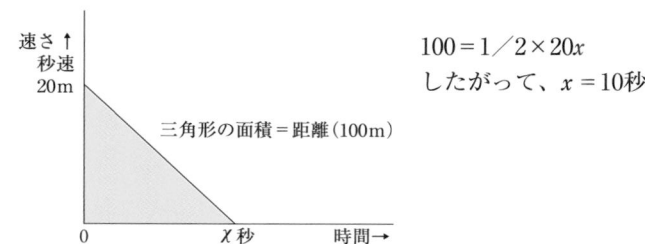

$100 = 1/2 × 20x$

したがって、x = 10秒

3　A = V / Ω

直列抵抗の和RはR = R_1 + R_2 + ……

よって、R = 15Ω + 35Ω = 50Ω

　　　A = 100V ÷ 50Ω = 2(A)

4

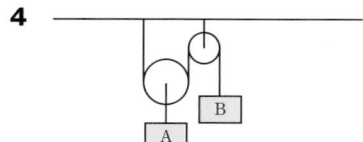

おもりをA、Bとすると

B = A × 1/2　A = 100g

∴ B = 100 / 2 = 50g

216

化学

<キーワード>

●覚えておきたい化合物

水：H_2O ／二酸化炭素：CO_2／炭酸カルシウム：$CaCO_3$／塩化水素（塩酸）：HCl／塩化ナトリウム：$NaCl$／アンモニア：NH_3／メチルアルコール（メタノール）：CH_3OH ／エチルアルコール（エタノール）：C_2H_5OH／塩化亜鉛：$ZnCl_2$／塩化マグネシウム：$MgCl_2$／過酸化水素：H_2O_2／一酸化炭素：CO ／一酸化窒素：NO ／硝酸：HNO_3／炭酸ナトリウム：Na_2CO_3／炭酸水素ナトリウム：$NaHCO_3$

●覚えておきたい化学の基礎知識

元素／原子／分子／単体／共有結合／同位体／質量保存の法則／定比例の法則／酸化熱／中和熱／吸熱反応／電気分解

✓ チェックドリル

Question	Answer
◆次の物質の元素記号を答えなさい。	
□**1** 鉄	1 Fe
□**2** 銅	2 Cu
□**3** 銀	3 Ag
□**4** 金	4 Au
□**5** 亜鉛	5 Zn
□**6** ヘリウム	6 He
□**7** 酸素	7 O

数学・理科

217

✓ チェックドリル

Question	Answer

◆次の問いに答えなさい。

□**1** 市販の使い捨てカイロなどに利用されており、鉄粉が空気に触れることで発生するのは何か。

1 酸化熱

□**2** 同濃度、同量の塩酸と水酸化ナトリウム水溶液を混ぜると液体の温度が上昇するが、これを何というか。

2 中和熱

□**3** 原子同士が電子を共有することによって起こる、最も結合力の強い化学結合を何というか。

3 共有結合

□**4** 原子番号と陽子の数は同じだが、中性子の数が異なる原子を何というか。

4 同位体

□**5** 水酸化ナトリウム（NaOH）と塩酸（HCl）が化学反応すると、水（H_2O）と何になるか。

5 塩化ナトリウム（NaCl）

□**6** 次の化学式を完成させなさい。
$CaCO_3 + 2HCl \rightarrow CaCl_2 + （\quad\quad）$

6 $H_2O + CO_2$

□**7** 菓子づくりなどで、生地をふっくらと焼き上げるために混ぜる物質は何か。

7 炭酸水素ナトリウム（重曹、$NaHCO_3$）

□**8** 燃料電池の燃料となる物質は何か。

8 水素（H）

□**9** アンモニアの分子モデルを書きなさい。

9
H
|
N
H H

218

生物

キーワード

●覚えておきたい生物の基礎知識

顕性（優性）の法則／道管／パブロフ／条件反射／ヒトゲノム／DNA（糖／リン酸／塩基）／減数分裂／ミトコンドリア／テロメア／消化酵素（アミラーゼ／ペプシン／リパーゼ）／塩基［アデニン（A）／チミン（T）／グアニン（G）／シトシン（C）／ウラシル（U）］／インスリン／ウイルス／白血球／リンパ球／ヘモグロビン／ダーウィン／進化論／クローン技術／光合成／代謝／染色体／ランゲルハンス島／メンデルの法則

☑ チェックドリル

Question	Answer
◆次の問いに答えなさい。	
□**1** エンドウ豆の交雑実験から導き出され、遺伝子研究の先駆けとなった法則は何か。	1 メンデルの法則
□**2** 被子植物で、根から水分などを吸い上げる機能を持つ管を何というか。	2 道管
□**3** 植物が日光を浴びることで、空気中の二酸化炭素と根から吸収した水から糖と酸素を生成する働きを何というか。	3 光合成
□**4** 糖、リン酸、塩基から構成され、遺伝情報を担っている細胞内の物質は何か。	4 DNA
□**5** 違う形質を持つ純系同士をかけ合わせたとき、子に親のいずれか一方と同じ形質が現れることを何というか。	5 顕性（優性）の法則

Question	Answer
☐**6** 炭水化物やたんぱく質、脂肪などを消化するときに使われるアミラーゼやペプシン、リパーゼなどを総称して何というか。	6 消化酵素
☐**7** 国際自然保護連合（IUCN）が発表する、絶滅の恐れがある動植物などを記載した一覧を何というか。	7 レッドリスト
☐**8** 感染症の原因の一つとなり、細胞を持たず他の生物の細胞を利用して増殖する構造体は何か。	8 ウイルス
☐**9** 生殖細胞ができるとき、染色体がもとの細胞の半分になる分裂を何というか。	9 減数分裂
☐**10** 血液に含まれる細胞成分の一つで、体内に侵入した異物を排除する働きを持ち、免疫機能を担うものは何か。	10 白血球
☐**11** 酸素と結合し、血流によって体内の各組織に酸素を運ぶ働きをする物質は何か。	11 ヘモグロビン
☐**12** 1859年に「種の起源」を発表し、進化論を唱えたのは誰か。	12 ダーウィン
☐**13** ある個体と同一の遺伝情報を持つ個体を作る技術を何というか。	13 クローン技術
☐**14** 体外から取り入れた物質から他の物質を合成したり、エネルギーを生成したりする生体内の化学反応を何というか。	14 代謝

地学

―キーワード―

●覚えておきたい地学の基礎知識

ケプラーの法則／ハッブルの法則／コペルニクス／天文単位
（AU）／フェーン現象／ビッグバン／ブラックホール／ジャ
イアント・インパクト説／隕石／地質時代（先カンブリア時代
／カンブリア紀／ジュラ紀／白亜紀／新生代）／大気圏（対流
圏／成層圏／中間圏／熱圏）／トラフ／海溝／Ｐ波、Ｓ波／マ
グニチュード／カンブリア爆発／造山運動／マントル対流／カ
ルデラ／地磁気／エルニーニョ／ラニーニャ／偏西風／貿易風
／コリオリの力／潜熱（凝結熱）／アメダス／ダウンバースト

☑ チェックドリル

Question	Answer
◆次の問いに答えなさい。	
□**1** 惑星は太陽を焦点とする楕円軌道上を動くという法則を、発見者にちなんで何というか。	1 ケプラーの法則
□**2** 初めて地動説を唱えたのは誰か。	2 コペルニクス
□**3** 天文単位1AU＝約1億5千万kmは太陽とどの惑星との距離を基準にしているか。	3 地球
□**4** 重力が強すぎるために光ものみ込んでしまい、黒い影として見えるといわれる天体を何というか。	4 ブラックホール
□**5** 日本の冬に特徴的な気圧配置を何というか。	5 西高東低

数学・理科

221

Question	Answer

☐**6** 台風の維持や発達のためのエネルギー
源となる、上昇気流で水蒸気が凝結す
るときに放出される熱を何というか。

6 潜熱（凝結熱）

☐**7** 気象庁の地域気象観測システムを何と
いうか。

7 アメダス

☐**8** 地球の大気圏は4層から成っているが、
その四つとは、遠くから順に、熱圏、
中間圏、成層圏と、あと一つは何か。

8 対流圏

☐**9** 風が山を越えて吹き降りてくるとき、高
温になって乾燥する現象を何というか。

9 フェーン現象

☐**10** 日本周辺では四つのプレートが互いにぶ
つかり合っているが、その四つとは太平
洋プレート、ユーラシアプレート、フィ
リピン海プレートと、あと一つは何か。

10 北米プレート

☐**11** 地震のエネルギーの大きさを表す単位
のマグニチュードについて、マグニチ
ュード6はマグニチュード5の何倍の
エネルギーになるか。

11 約32倍

☐**12** 地震が起きると、揺れは第一波・第二
波となって伝わるが、P波と何波か。

12 S波

☐**13** 国際地質科学連合は2020年1月に約77
万4千～12万9千年前の地質時代を何と
命名したか。

13 チバニアン

文化・スポーツ

文学史

●覚えておきたい文学の潮流と関連の作家

写実主義＝坪内逍遥、二葉亭四迷／**紅露時代**＝尾崎紅葉、幸田露伴／**浪漫主義**＝森鷗外、北村透谷、樋口一葉、泉鏡花／**自然主義**＝島崎藤村、田山花袋、徳田秋声、正宗白鳥／**アララギ**＝伊藤左千夫、長塚節／**耽美主義**＝谷崎潤一郎、永井荷風／**白樺派**＝武者小路実篤、有島武郎、志賀直哉／**新思潮派**＝芥川龍之介、菊池寛／**新感覚派**＝横光利一、川端康成／**プロレタリア文学**＝小林多喜二、宮本百合子／**無頼派**＝坂口安吾、太宰治／**第三の新人**＝吉行淳之介、安岡章太郎

●代表的な文学作品と作者

日本文学：芥川龍之介「羅生門」／夏目漱石「三四郎」／三島由紀夫「仮面の告白」／太宰治「人間失格」／森鷗外「舞姫」／松尾芭蕉「野ざらし紀行」／志賀直哉「城の崎にて」／与謝野晶子「みだれ髪」／石川啄木「一握の砂」　**外国文学**：ビクトル・ユゴー「レ・ミゼラブル」／フョードル・ドストエフスキー「カラマーゾフの兄弟」／ヘルマン・ヘッセ「車輪の下」／アントワーヌ・ド・サン＝テグジュペリ「星の王子さま」／マーク・トウェイン「王子と乞食」／カズオ・イシグロ「日の名残り」

☑ チェックドリル

Question	Answer
□ **1** 19世紀末のフランスで起こった、詩人マラルメらを中心とした反写実主義的な文学の運動を何というか。	1 象徴主義
□ **2** 社会主義、共産主義と結びついて大正時代末期から昭和時代初期にかけて起こり、厳しい弾圧を受けた文学の一流派を何というか。	2 プロレタリア文学

□**3** 大正時代末期から昭和時代初期にかけて起こり、川端康成、横光利一などを代表に、伝統的な私小説リアリズムを批判し、言語表現の独立性を強調した文学の一流派を何というか。

3 新感覚派

□**4** 武者小路実篤らに代表され、自由主義の空気を背景に、人間の生命を高らかに謳い、理想主義・人道主義的な作品を著した大正時代の文学の一流派を何というか。

4 白樺派

◆次の日本文学作品の作者名を答えなさい。

□**1**「羅生門」「河童」

1 芥川龍之介

□**2**「三四郎」「門」

2 夏目漱石

□**3**「仮面の告白」「潮騒」

3 三島由紀夫

□**4**「伊豆の踊子」「雪国」

4 川端康成

□**5**「一握の砂」「悲しき玩具」

5 石川啄木

□**6**「人間失格」「斜陽」

6 太宰治

□**7**「舞姫」「高瀬舟」

7 森鷗外

□**8**「おくのほそ道」「野ざらし紀行」

8 松尾芭蕉

□**9**「風立ちぬ」

9 堀辰雄

文化・スポーツ

✔ チェックドリル

Question	Answer
□**10**「若菜集」「夜明け前」	10 島崎藤村
□**11**「みだれ髪」	11 与謝野晶子

◆次の日本文学に関する問いに答えなさい。

□**1** 「銀河鉄道の夜」などの童話や「春と修羅」などの詩集で知られ、農業指導にも携わった作家は誰か。　　　　　　1 宮沢賢治

□**2** 日清戦争では記者として従軍し、帰国後に闘病生活を送りながらも短歌の革新や写生文を提唱したのは誰か。　　　2 正岡子規

□**3** 「蟹工船」を著し、プロレタリア文学の旗手といわれたのは誰か。　　　　3 小林多喜二

□**4** 「曽根崎心中」などで知られる江戸時代の人形浄瑠璃や歌舞伎の作者は誰か。　4 近松門左衛門

□**5** 日本最初の歌集「万葉集」の成立は何時代か。　　　　　　　　　　　　　5 奈良時代

□**6** 武者小路実篤らと「白樺」を創刊し、簡潔な文体で自身の心を凝視したリアリズム文学を確立したのは誰か。　　6 志賀直哉

◆次の外国文学作品の作者名を答えなさい。

□**1** 「空騒ぎ」「ハムレット」　　　　　1 ウィリアム・シェークスピア

□**2** 「カラマーゾフの兄弟」「罪と罰」　　2 フョードル・ドストエフスキー

Question

□**3** 「星の王子さま」「夜間飛行」

□**4** 「ライ麦畑でつかまえて」「フラニーと
ゾーイー」

□**5** 「日はまた昇る」「老人と海」

□**6** 「高慢と偏見」「エマ」

□**7** 「異邦人」「ペスト」

□**8** 「レ・ミゼラブル」「ノートルダム・ド・
パリ」

◆次の外国文学に関する問いに答えなさい。

□**1** 目を覚ますと虫になっていたある男の
物語「変身」を著し、不条理文学の代
表格とされるチェコの作家は誰か。

□**2** 「わたしを離さないで」や「日の名残り」
などの作品があり、2017年のノーベル
文学賞を受賞した長崎市出身の英国の
小説家は誰か。

□**3** 「戦争と平和」「アンナ・カレーニナ」
などを書いたロシアの作家は誰か。

□**4** フランスの作家マルセル・プルースト
が生涯をかけて書いた未完の長編小説
は何か。

Answer

3 アントワーヌ・ド・
サン=テグジュペリ

4 J.D.サリンジャー

5 アーネスト・ヘミ
ングウェイ

6 ジェーン・オーステ
ィン

7 アルベール・カミュ

8 ビクトル・ユゴー

1 フランツ・カフカ

2 カズオ・イシグロ

3 レフ・トルストイ

4 失われた時を求めて

美術

キーワード

●ルネサンス期：レオナルド・ダビンチ／ミケランジェロ・ブオナローティ／ラファエロ・サンティ　●マニエリスム期：エル・グレコ　●バロック期：ディエゴ・ベラスケス／レンブラント／ヨハネス・フェルメール　●新古典主義：ジャックルイ・ダビッド／ドミニク・アングル　●ロマン主義：ウジェーヌ・ドラクロワ　●写実主義：ジャンフランソワ・ミレー　●印象派：クロード・モネ／ピエールオーギュスト・ルノワール／ポール・セザンヌ／フィンセント・ファン・ゴッホ　●キュビズム：パブロ・ピカソ／ジョルジュ・ブラック　●シュールレアリスム：サルバドール・ダリ／ルネ・マグリット／ジョルジョ・デ・キリコ

✓ チェックドリル

Question	Answer
□**1** ジャンフランソワ・ミレーの「落穂拾い」に代表される、自然主義的な風景画が特徴の19世紀フランスに発生した画家の一派は何か。	1　バルビゾン派
□**2** 「ゲルニカ」で知られ、「青の時代」「バラ色の時代」「キュビズム」など作風がめまぐるしく変遷したスペインの画家は誰か。	2　パブロ・ピカソ
□**3** 「記憶の固執（柔らかい時計）」などの作品で知られる、シュールレアリスムを代表するスペインの画家は誰か。	3　サルバドール・ダリ

Question

□4 17世紀にオランダのデルフトで活躍し、市民生活を題材にした画家は誰か。

□5 彫刻、建築、土木などの分野でも活躍し、「モナリザ」「最後の晩餐」で有名なルネサンス期の画家は誰か。

□6 現在も建設中のサグラダ・ファミリア教会を設計したスペインの建築家は誰か。

□7 バチカンのシスティーナ礼拝堂の天井フレスコ画を描いたルネサンス期イタリアの画家・彫刻家は誰か。

□8 ルネサンス期を代表する画家の一人で、バチカン宮殿内の壁画「アテネの学堂」や「聖母子」などで知られるのは誰か。

□9 ギリシャのクレタ島出身で、スペインの宮廷画家として16世紀後半に活躍したのは誰か。

□10 「富嶽三十六景」を描いた江戸時代の浮世絵師で、印象派にも影響を与えたのは誰か。

□11 1970年に開かれた大阪万国博覧会会場の「太陽の塔」を制作したのは誰か。

□12 「睡蓮」の連作で有名な印象派の中心的画家は誰か。

Answer

4 ヨハネス・フェルメール

5 レオナルド・ダビンチ

6 アントニオ・ガウディ

7 ミケランジェロ・ブオナローティ

8 ラファエロ・サンティ

9 エル・グレコ

10 葛飾北斎

11 岡本太郎

12 クロード・モネ

文化・スポーツ

音楽

キーワード

●バロック音楽：アントニオ・ビバルディ／ゲオルク・フリードリヒ・ヘンデル／ヨハン・セバスチャン・バッハ
●古典派：フランツ・ヨーゼフ・ハイドン／ウォルフガング・アマデウス・モーツァルト／ルートヴィヒ・ヴァン・ベートーヴェン
●ロマン派：フランツ・ペーター・シューベルト／エクトル・ベルリオーズ／フレデリック・ショパン／ロベルト・シューマン／フランツ・リスト／リヒャルト・ワーグナー／ヨハネス・ブラームス／ピョートル・チャイコフスキー／グスタフ・マーラー
●国民楽派：ベドルジハ・スメタナ
●印象派：クロード・ドビュッシー／モーリス・ラベル

☑ チェックドリル

Question	Answer
□**1** 「マタイ受難曲」などで知られる18世紀ドイツの作曲家は誰か。	1 ヨハン・セバスチャン・バッハ
□**2** 「四季」を作曲したバロック時代の作曲家は誰か。	2 アントニオ・ビバルディ
□**3** 古典派を代表するオーストリアの作曲家で、「交響曲の父」と呼ばれるのは誰か。	3 フランツ・ヨーゼフ・ハイドン
□**4** オーストリアのザルツブルクに生まれ、5歳で作曲し、「神童」と呼ばれたウィーン古典派を代表する作曲家は誰か。	4 ウォルフガング・アマデウス・モーツァルト
□**5** 「白鳥の湖」「くるみ割り人形」などのバレエ音楽で知られるロシアの作曲家は誰か。	5 ピョートル・チャイコフスキー

Question

□**6** ドイツ音楽における「3大B」の一人とされ、「ハンガリー舞曲」などで知られる作曲家は誰か。

□**7** 「ワルツ王」と称されるオーストリアの作曲家は誰か。

□**8** 耳の病に苦しみながらも「英雄」「運命」など数多くの作品を作り、「楽聖」と呼ばれるドイツの作曲家は誰か。

□**9** ニーチェの著作からインスピレーションを得て、交響詩「ツァラトゥストラはかく語りき」を作曲したのは誰か。

□**10** オペラ「ローエングリン」、楽劇「ニーベルングの指環」などで知られ、作曲だけでなく劇作も手がけたドイツの作曲家は誰か。

□**11** 「エニグマ」「威風堂々」などの作品で知られるイギリスの作曲家は誰か。

□**12** 「ピアノの詩人」と呼ばれ、「ノクターン」「幻想即興曲」などで知られるポーランドの作曲家は誰か。

□**13** 「ボレロ」「亡き王女のためのパヴァーヌ」などで知られる、20世紀初頭のフランスの作曲家は誰か。

Answer

6 ヨハネス・ブラームス

7 ヨハン・シュトラウス2世

8 ルートヴィヒ・ヴァン・ベートーヴェン

9 リヒャルト・シュトラウス

10 リヒャルト・ワーグナー

11 エドワード・エルガー

12 フレデリック・ショパン

13 モーリス・ラベル

文化・スポーツ

映画

キーワード

●覚えておきたい映画監督と作品名

溝口健二「雨月物語」「西鶴一代女」／小津安二郎「東京物語」／黒澤明「羅生門」「七人の侍」／市川崑「ビルマの竪琴」「獄門島」／今村昌平「楢山節考」「うなぎ」／伊丹十三「マルサの女」「お葬式」／北野武「HANA‑BI」「座頭市」／周防正行「シコふんじゃった。」「Shall we ダンス？」／円谷英二「モスラ」「ウルトラマン」／宮崎駿「千と千尋の神隠し」／是枝裕和「万引き家族」／セルゲイ・エイゼンシュテイン「戦艦ポチョムキン」／スティーブン・スピルバーグ「ジョーズ」／フランシス・フォード・コッポラ「ゴッドファーザー」

☑ チェックドリル

Question	Answer
□**1** 「楢山節考」「うなぎ」などの作品で知られる日本の映画監督は誰か。	1 今村昌平
□**2** 黒澤明監督の代表作で、ハリウッドで「荒野の七人」としてリメイクされた作品名は何か。	2 七人の侍
□**3** 複数のカットを組み合わせる「モンタージュ手法」を確立した旧ソ連のセルゲイ・エイゼンシュテイン監督の代表作は何か。	3 戦艦ポチョムキン
□**4** 動画の映写技術を発明したフランス人の兄弟は誰か。	4 リュミエール兄弟

Question	Answer
□**5** 「東京物語」など、家族を題材にしたローアングルの撮影技法が特徴的な、海外でも評価の高い日本人監督は誰か。	5 小津安二郎
□**6** イギリスから米国に移り、「犬の生活」「街の灯」など多くの無声映画の主演・監督をした喜劇俳優は誰か。	6 チャールズ・チャプリン
□**7** 6 と並んで世界の喜劇王と呼ばれた、無表情なアクションやギャグで有名な俳優は誰か。	7 バスター・キートン
□**8** イタリア系移民のマフィア一族を描いた「ゴッドファーザー」の監督は誰か。	8 フランシス・フォード・コッポラ
□**9** 「鳥」などのサスペンス映画の巨匠で、主に米国で活躍したイギリスの監督は誰か。	9 アルフレッド・ヒチコック
□**10** 世界三大映画祭の一つで、ドイツ北東部の都市で開かれる映画祭は何か。	10 ベルリン国際映画祭
□**11** 毎年5月にフランス南部の都市で開催される世界三大映画祭の一つは何か。	11 カンヌ国際映画祭
□**12** 「万引き家族」で11の最高賞パルムドールを受賞した映画監督は誰か。	12 是枝裕和
□**13** 米国のブロードウェーで上演された演劇やミュージカルの中から優れた作品に贈られる賞は何か。	13 トニー賞

文化・スポーツ

サッカー・野球

キーワード

●覚えておきたいサッカー用語

国際サッカー連盟（FIFA）／FIFAワールドカップ／Jリーグ／日本サッカー協会（JFA）／イタリア・セリエA／イングランド・プレミアリーグ／欧州サッカー連盟（UEFA）／UEFAチャンピオンズリーグ／オフサイド／アシスト／ハットトリック／ペナルティーキック／ディフェンダー／ミッドフィールダー／フォワード／ゴールキーパー／ペナルティーエリア／フリーキック／オウンゴール／イエローカード／レッドカード／サポーター／フーリガン／ホーム／アウェー／ファウル／シミュレーション／ビデオ・アシスタント・レフェリー

●覚えておきたい野球用語

メジャーリーグ／セントラル・リーグ／パシフィック・リーグ／クライマックスシリーズ／日本シリーズ／ワールド・ベースボール・クラシック（WBC）／コールドゲーム／野球殿堂／セーフティーバント／タイムリーヒット／デッドボール／フォアボール／ファウル／都市対抗野球／全国高等学校野球選手権大会（夏の甲子園）／選抜高等学校野球大会（春の甲子園）／代打／代走／イニング／マウンド／バッターボックス／タイブレーク／牽制球／打率／防御率／リクエスト制度

☑ チェックドリル

Question	Answer
□**1** サッカーで、反則を受けたふりをしてPKやFKを得ようとする行為を何というか。	1 シミュレーション
□**2** 毎年、欧州最強のサッカー・クラブチームを決める大会は何か。	2 UEFAチャンピオンズリーグ

□**3** イングランドのサッカー1部リーグを何というか。

3 プレミアリーグ

□**4** サッカーで攻撃側の選手が前方へパスしたときに、そのボールを受ける選手と相手ゴールとの間に相手選手が2人以上いないと反則となるルールを何というか。

4 オフサイド

□**5** 日本が初めてサッカー・ワールドカップ本大会出場を果たしたのは、どの大会か。

5 フランス大会
（1998年）

□**6** 2018年のサッカーW杯ロシア大会で導入された「VAR」は、何の略か。

6 ビデオ・アシスタント・レフェリー

□**7** プロ野球で、1シーズンに3割、30本塁打、30盗塁を達成することを何というか。

7 トリプルスリー

□**8** プロ野球で2013年に1シーズン60本の本塁打を放ち、王貞治氏らの持つ記録を塗り替えたのは誰か。

8 ウラディミール・バレンティン

□**9** 日本シリーズの出場権をかけ、シーズン成績3位以内のチームが戦う制度は何か。

9 クライマックスシリーズ

□**10** 投手が、四死球やエラーで出塁を許したが、相手チームを無安打・無得点に抑え、完投勝利した場合、何というか。

10 ノーヒットノーラン

□**11** 野球の大会などで、無死一、二塁など、点が入りやすい状況から攻撃を始めて試合を決着させる制度を何というか。

11 タイブレーク

文化・スポーツ

オリンピック

キーワード

●覚えておきたいオリンピック関連用語

国際オリンピック委員会（IOC）／日本オリンピック委員会（JOC）／聖火／パラリンピック／ピエール・ド・クーベルタン
●夏季：アテネ（1896、2004年）／パリ（1900、1924、2024年）／ベルリン（1936年）／ロサンゼルス（1932、1984、2028年）／東京（1964、2021年）／モスクワ（1980年）／ロンドン（1908、1948、2012年）／リオデジャネイロ（2016年）／ブリスベン（2032年）
●冬季：札幌（1972年）／リレハンメル（1994年）／長野（1998年）／ソルトレークシティー（2002年）／トリノ（2006年）／バンクーバー（2010年）／ソチ（2014年）／平昌（2018年）／北京（2022年）／ミラノ・コルティナダンペッツォ（2026年）

☑ チェックドリル

Question	Answer
□**1** オリンピックと同じ年に、同じ開催地で行われる、障害者を対象とした大会を何というか。	1 パラリンピック
□**2** 古代オリンピック発祥地の国の首都で、1896年に第1回大会が開かれ、2004年夏季大会の開催地にもなったのはどこか。	2 アテネ
□**3** 開催国の軍事行動に抗議して日本などがボイコットした1980年夏季大会の開催地はどこか。	3 モスクワ
□**4** 近代オリンピックを提唱したフランスの教育者は誰か。	4 ピエール・ド・クーベルタン

☐**5** ナチス・ドイツ政権のプロパガンダに利用されたといわれるベルリン大会が開催されたのは何年か。

5 1936年

☐**6** オリンピック発祥の地オリンピアで点火され、開催地までリレーで運ばれるのは何か。

6 聖火

☐**7** オリンピックの開催地や競技の採用を決定する機関はどこか。

7 国際オリンピック委員会（IOC）

☐**8** 7の第9代会長は誰か。

8 トーマス・バッハ

☐**9** 競技の際、成績を上げるため、興奮剤や筋肉増強剤など、禁止された薬物を使用するなどの違反行為を何というか。

9 ドーピング

☐**10** 第1回大会以来約40kmとあいまいだったマラソン競技の距離は、第8回（1924年）のパリ大会以降定着した。何kmか。

10 42.195km

☐**11** アジアで初開催となる五輪が東京で開かれたのは何年か。

11 1964年

☐**12** 夏季大会の開催年に行われていた冬季大会が、夏季大会の中間年に開催されるようになったのは何大会からか。

12 リレハンメル（1994年）

☐**13** 2016年に夏冬合わせて南米で初となる夏季五輪が開催された都市はどこか。

13 リオデジャネイロ

スポーツ全般

●覚えておきたいスポーツの基礎知識
ゴルフ（マスターズ・ゴルフトーナメント、全米オープン、全英オープン、全米プロ）／ツール・ド・フランス／トライアスロン／ムエタイ／テコンドー／NBA／Bリーグ／テニス（全豪オープン、全仏オープン、ウィンブルドン、全米オープン、グランドスラム）／Vリーグ／ノーサイド／オールブラックス／フォーミュラワン・ワールド・チャンピオンシップ（F1）／世界ラリー選手権／ショートトラック／カーリング／講道館／ダービー／アーティスティックスイミング

☑ チェックドリル

Question	Answer
□**1** 毎年7月にフランスと周辺諸国で行われる、世界最高峰の自転車ロードレースは何か。	1 ツール・ド・フランス
□**2** スイム（水泳）、バイク（自転車ロードレース）、ラン（長距離走）を続けて行い、タイムを競うスポーツを何というか。	2 トライアスロン
□**3** 米国のプロスポーツリーグでNBAの略称をもつスポーツは何か。	3 バスケットボール
□**4** 2019年6月に**3**の米プロNBAのドラフト会議で、1巡目の全体9位で指名されたのは誰か。	4 八村塁

☐**5** テニスの4大大会すべてを制覇することを何というか。

5 グランドスラム

☐**6** 大相撲の本場所（年6回）の開催地は、東京（3回）、大阪、名古屋と、あと一つはどこか。

6 福岡

☐**7** 柔術を母体として柔道を確立した嘉納治五郎が1882年に設立し、その後の柔道の定着・普及に貢献した組織は何か。

7 講道館

☐**8** 「氷上のチェス」と呼ばれ、2チームが交互に的をめがけて石を滑らせ、得点を競い合うスポーツを何というか。

8 カーリング

☐**9** 「氷上の競輪」ともいわれ、4〜6人の選手が同時にスタートを切り、タイムではなく順位を競い合うスケート競技は何か。

9 ショートトラック

☐**10** 発祥はイギリスのエプソム競馬場で、現在では各地の競馬場で行われる3歳馬だけが出場するレースを何というか。

10 ダービー

☐**11** プール内で音楽に合わせて体を動かし、技や芸術性を競う「シンクロナイズド・スイミング」は2018年に呼び方が変わったが、新しい種目名は何というか。

11 アーティスティックスイミング

☐**12** すべての国民にスポーツを楽しむ権利を認めた法律は何か。

12 スポーツ基本法

文化・スポーツ

朝日キーワード 就職 2024
最新時事用語&一般常識

2022 年 11 月 30 日　第 1 刷発行

編　者	朝日新聞出版
発行者	三宮博信
発行所	朝日新聞出版

〒 104-8011
東京都中央区築地 5-3-2
電話　03-5541-8832（編集）
　　　03-5540-7793（販売）

印刷所　大日本印刷株式会社